AF523516

Staat, Fortschritt, Anarchie
Politische Schriften

Fröhliche Wissenschaft 228

Élisée Reclus

Staat, Fortschritt, Anarchie

Politische Schriften

Aus dem Französischen
von Rainer G. Schmidt

Herausgegeben und mit einer Einleitung
von Andreas Gehrlach und Stephan Zandt

Inhalt

Einleitung 7

Der moderne Staat 23

Fortschritt 91

Die Anarchie 149

Einleitung

Élisée Reclus starb am 4. Juli 1905. Sein langjähriger Freund und Weggefährte Piotr Kropotkin schrieb in seinem Nachruf Folgendes über ihn: »Die Idee, irgendjemanden zu beherrschen, scheint ihm nie in den Sinn gekommen zu sein. Er hasste den herrschaftlichen Geist bis in seine kleinsten Zeichen hinein. Für ihn, der all die über den Erdball verteilten Völker so genau kannte, und der uns die Entwicklung zeigte, durch die die Menschheit einst gegangen ist, für ihn als großen Wissenschaftler, der mit einem Blick in seinem Geist den langen Leidensweg der Menschheit erfassen konnte – für ihn war der Anarchismus nicht irgendeine kleine Liebhaberei. Er war der Abschluss und der Grundpfeiler der menschlichen Geschichte, eine Wissenschaft. [...] Weil die Natur, das Studium der Natur und der Geschichte, der Menschen aller Breitengrade und aller Zeiten ihn dazu gebracht haben, im Menschen – sowohl in der Gemeinschaft wie allein – ein Produkt seiner Umgebung zu sehen und weil er den Anarchismus als treibende und fortschrittliche Kraft aller Zeitalter wahrnahm, deswegen war der Anarchismus für ihn kein leeres Wort oder ein ferner Traum.

Er sah, sogar heute, eine bessere Art, miteinander zu leben als einander zu beherrschen.«[1]

Die Worte Kropotkins erinnern nicht nur an einen der großen und bis heute zu Unrecht fast vergessenen Universalgelehrten des 19. Jahrhunderts – Reclus war Mitbegründer der französischen Geografie, ein weitgereister Anthropologe und ein anarchistischer Vordenker –, sondern vor allem beschreiben sie jemanden, der konsequent lebte, was er dachte und dessen Denken sich umgekehrt aus den eigenen Lebenserfahrungen speiste.

Alle seine Freund:innen und Mitarbeiter:innen beschreiben ihn nicht nur als Wissenschaftler, sondern als einen ausgesprochen freundlichen Menschen, der in seinen Beziehungen zu verwirklichen versuchte, was er auch im Großen für machbar und erstrebenswert hielt: »die volle und herzliche Freiheit des Umgangs mit den Menschen«.[2] Diese herzliche Freiheit des Umgangs miteinander ist im Grunde die Reclus'sche Definition von Anarchie. In seinem Essay über den *Fortschritt* schreibt er: »Jedes Individuum muss sich, ohne alten Konventionen und Gewohnheiten zu gehorchen, an irgendeinen von Seinesgleichen in aller Brüderlichkeit wenden und frei mit ihm über alles plaudern können, ›was menschlich ist‹.«[3] Für ihn war der Anarchismus also nicht in erster Linie eine abstrakte politische Theorie, sondern er begann in den Beziehungen zwischen den Menschen. Reclus war damit der erste Denker der Mikromächte und Relationalitäten, die erst später in der europäischen Theoriebildung wichtig wurden. So registrieren Reclus' feinsinnige

Beobachtungen des Staates und der Autoritäten die alltäglichen Absurditäten der bürokratischen Praktiken, die oftmals kafkaesk anmutende Arbeit der Ingenieure, den staatstragenden Korpsgeist der Politiker und Gerichte oder auch den »Zauber der Uniformen« und den Glauben der Soldaten an die »Schönheit des Helmbuschs«[4], die sie für die tagtäglich erlittenen Erniedrigungen entschädigen sollte. Auf der anderen Seite finden sich bei Reclus aber auch Beobachtungen der kleinen Gegenmächte der Elenden, die gemeinsame Übernahme der Sorge für die Kinder, das Teilen des Brotes, das Hin und Her der Haushaltsgeräte oder auch die die wachsenden, Klassenschranken überwindenden Solidaritäten der bürgerlichen Feministinnen mit den Sexarbeiterinnen.

Nicht nur hier wird deutlich, dass die mit allen Konventionen und Gewohnheiten brechende Brüderlichkeit der Menschen bei Reclus immer auch und gerade eine Schwesterlichkeit ist. Offen unterstützt er die Forderungen der Feministinnen und initiiert 1882 zusammen mit Kropotkin im Namen der *union libre*[5] eine Anti-Heiratsbewegung: Er selbst und auch seine beiden Töchter Magali und Jeannie »heiraten« ohne staatliches oder kirchliches Zeremoniell. Für diese feministische Provokation wird Reclus angeklagt, entzieht sich aber der Gefangenschaft durch eine Ausreise in die Schweiz. Kropotkin wird hingegen mehrere Jahre seines Lebens im Gefängnis zubringen. Gegen die kolonialen und rassistischen Vorurteile seiner Zeit heiratet Reclus schon 1858 Clarisse Brian, die Tochter eines Franzosen und einer senegalesischen Mutter. Mit seiner Schwester Louise teilt er seine radikalen Gedanken und den Namen, und die Initialen seiner zweiten Frau Fanny L'Hermiez verwendet er lange Zeit als Teil seiner eigenen Signatur. In all dieser Radikalität richtet sich Reclus gegen die nicht zuletzt patriarchalen »Aristokraten des Denkens«[6] und insbesondere gegen Nietzsches Theorie des Übermenschen, die nicht nur die Theorielandschaft um 1900 begeisterte, sondern bis in die Postmoderne die philosophische Dignität des schwierigen, exklusiven und elitären Denkens erhalten hat. Nietzsches Denken war einflussreicher als das freundlichere, zugewandtere Denken von Élisée Reclus. Eine solche aristokratische Wissenschaft, die sich gewissermaßen der Eroberung der intellektuellen Nahrung für alle verweigert, muss nach Reclus die beiden großen evolutionären Fortschrittsziele der Menschheit verfehlen: nämlich »niemand Hungers sterben [...] und niemand in Unwissenheit verkommen [zu] lassen.«[7] In dieser intellektuellen Stimmung ist es symptomatisch, dass der einzige Lehrstuhl, den Reclus als anerkannter Gelehrter je inne hatte, an der dissidenten *Neuen Universität* von Brüssel eingerichtet wurde, deren Abschlüsse vom belgischen Staat nie anerkannt wurden.

Dass sich Reclus als Sohn einer kinderreichen calvinistischen Pfarrersfamilie nicht der naheliegenden Theologie oder der Philosophie mit ihren immer tendenziell autoritären Diskursen zuwendet, sondern stattdessen der Geografie, der Ethnologie und dem, was wir heute Ökologie nennen, ist ebenfalls Ausdruck eines Denkens, das sich für den Menschen interessiert und nicht für hochfliegende, aber kalte Wahrheiten. Für ihn ist Geografie die menschlichste Wissenschaft, weil sie immer auch ein Ausdruck der Geschichte der Menschen ist: Geografie ist »Geschichte im Raum, genauso, wie Geschichte eine Geographie der Zeit ist.«[8] So lautet das Motto der sechs Bände seiner historisch-geografischen Enzyklopädie *L'Homme et la Terre*, in denen auch die hier vorliegenden Texte *Der moderne Staat* und *Fortschritt* erschienen. Es war diese Liebe zur Erde, zu den Flüssen und Bergen, den Blumen und Tieren, die ihn zum Vegetarier und Anarchisten machte, aber auch eine Liebe zu den außereuropäischen, vermeintlich »wilden« Gesellschaften gegen den Staat[9] in ihrer »natürlichen« Umgebung von Bäumen und Bächen, die Reclus zur Solidarität mit den Menschen der modernen, mehr oder weniger künstlichen Gesellschaften zurückführt: das heißt in jene europäischen Staaten, deren autoritäre Struktur er so sehr ablehnte. Diese Ablehnung jeder künstlichen Autorität trieb ihn nach der Niederschlagung der Revolution von 1848 wie so viele libertäre Denker:innen in die Flucht. Ebenso musste er wie andere Autoritätskritiker:innen nach der Pariser Kommune ins Exil. Ein solches Leben, das nirgends bleiben konnte, hätte bei einem Menschen mit anderem Temperament schnell zur Verbitterung führen können. Nicht so bei Reclus, der sich, statt zynisch zu werden, Gedanken über die Schönheit der Blumen und Tiere macht: »Wie die kleine zauberhafte Individualität der Blume bewundern, lieben, wie sich als Bruder mit dem Tier fühlen, sich ihm nähern wie Franz von Assisi es tat, wenn man nicht auch in den Menschen werte Gefährten sieht, zumindest jedoch, dass man sie Kraft der Liebe nicht flieht […]?«[10]

Fliehen, verbannt werden und reisen, Freundschaften, politische Dissidenz und Anarchismus, Ethnologie und Naturkunde gehören für Reclus alle zusammen: Die Gegnerschaft zu den von ihm bis in die kleinsten individuellen Verästelungen sezierten Strukturen des Autoritären, die sich in den gewaltvoll gezogenen Grenzen der Territorialstaaten am deutlichsten zeigen, treiben ihn in die Flucht und auf Reisen, in anarchistische »Laboratoriumsexperimente«[11] und Kommunen-Projekte in Südamerika, aber auch in die Erfahrung des Kolonialismus und der Sklavenhaltergesellschaft der US-amerikanischen Südstaaten, wo er aus Abscheu vor dem weißen Rassismus seine Stelle als Hauslehrer für die Kinder einer Pflanzer-Familie aufkündigt. An seinen Bruder Élie schreibt er: Dort weiter zu arbeiten, hieße »von den Schwarzen zu stehlen, die es durch ihren Schweiß und ihr Blut erwirtschaftet haben und es in die eigene Tasche zu stecken«.[12]

In der Übersetzung seiner Texte in diesem Band werden die Leser:innen schnell bemerken, dass Reclus trotz seines Antirassismus Worte verwendete, die seiner Zeit entsprechen. In seinen Texten tauchen Begriffe auf, die heute überkommen sind und die Unbehagen auslösen. Auch wenn er, wie wir zu zeigen versuchen, vieles vorweggenommen hat, was heute erst im Denken realisiert wird, war er ein Mensch seiner Zeit, der die Begriffe seiner Zeit verwendet hat: Er spricht von »Primitiven«, benutzt den Begriff der »arischen Zivilisation«, verwendet das N-Wort, und »l'homme«, ein Zentralbegriff des Reclus'schen Denkens heißt eigentlich einfach: Mann. Auch wenn »l'homme« für ihn immer »die Menschheit« bedeutete, bleibt es ein patriarchaler Begriff mit einer in seiner Zeit verankerten Bedeutung. Und dennoch hat man an all diesen Stellen den Eindruck, Reclus sagte das Richtige in den falschen Worten. Er selbst wäre der Erste gewesen, der eingestanden hätte, dass jemand, der in einer rassistischen Zivilisation und mit einer rassistischen, patriarchalen Sprache aufwächst, ihrem Rassismus und ihren sprachlichen Hierarchien nicht entgehen kann. Wer seine Texte liest, kann aber feststellen, dass er selbst immer versucht, auch in seinem Ausdruck ein Anarchist zu sein und alle in der Sprache versteckten Hierarchien zu markieren, aufzulösen oder zu entwerten. Er selbst war immer dafür, neue, bessere Worte zu prägen und die Sprache zu verändern: In der französischen Übersetzung von Kropotkins Texten prägte er für den wichtigen Begriff der »mutual aid« das schöne Wort »l'entraide« vom französischen »entre-aider«, was im Deutschen völlig unzureichend mit »gegenseitige Hilfe« übersetzt wird.[13] Um ihm als profiliertem Antikolonialisten und sprachlichem Innovateur gerecht zu werden, haben wir vorsichtige Anpassungen vorgenommen und das N-Wort durch »Schwarze« und »Eskimo« durch »Inuit« ersetzt. Bei anderen Benennungen menschlicher Gemeinschaften haben wir weitgehend die heutigen Eigenbezeichnungen gewählt.

Reclus war neugierig auf die Arten und Weisen, wie sich Menschen und Gruppen ausdrückten und sich in ihrer Welt verorteten. Von seinen ausgedehnten Reisen und Exilerfahrungen kehrt er mit dem Bewusstsein einer fortschrittlichen Globalisierung des Wissens, der Lebensmodelle und der Solidaritäten zurück. Nur so, davon ist Reclus überzeugt, können die kulturellen und nationalen Grenzen ebenso wie der ethno- und chronozentrische Egoismus[14] des alten Europa unterlaufen und gesprengt werden. Die Rückkehr von den amerikanischen Kontinenten nach Europa ist für Reclus dabei auch eine Rückkehr in die »gewöhnlichen Bedingungen des Lebens«, in die urbanen Zentren der Moderne, »in denen die Menschen gären, wo die Ideen auftauchen, wo sich die Geisteskräfte erneuern«.[15] Dorthin, wo jene große evolutionäre und revolutionäre Fortschrittsbewegung vonstattengeht, von der Reclus bis zum Ende seines Lebens unerschütterlich glaubt, dass sie allen Feinden zum Trotz die Gesellschaft allmählich umwandeln wird, und zwar »im Sinne des freien Denkens, der freien Moral, der freien Tat, das heißt der Anarchie in ihrem Wesen«.[16]

Ein solches Denken könnte man als naiven Fortschrittsoptimismus bezeichnen, dabei spricht aus Reclus' Gewissheit der zukünftigen Verwirklichung einer Anarchie weniger eine unbedarfte Zukunftsgläubigkeit als vielmehr eine Politik des Wunsches und der Affekte, die nach anderen Regeln funktioniert als die materialistische Geschichtswissenschaft marxistischer Prägung. Die geradezu epikureische »Heiterkeit des Bewusstseins«, mit der die verstreute, die Grenzen von Klassen, Nationen und Epochen übersteigenden Multitude[17] der »Menschen des Wunsches«[18], wie er sie nennt, »unabhängig untereinander, aber umso liebevoller und solidarischer« ihrem Freiheitsdurst Ausdruck verleiht, stellt für Reclus eine Gegenmacht dar, die sich gegen die regressiven Politiken des Hasses und gegen den autoritären Schrecken der Mächtigen richtet. Die anarchische, ungezügelte Heiterkeit ebenso wie der Glaube an die Möglichkeiten der Zukunft sind ein strategisches Antidot gegen das wütende, das hasserfüllte wie verzagende »Zittern und Beben« der Elenden und Unterdrückten, in denen der Drang nach Freiheit zum Verstummen gebracht wird: Die »Politik des Hasses« bringt, so Reclus, immer neuen Hass hervor, der »die allgemeine Situation fatal verschärft und sogar in einen endgültigen Untergang mitreißt. Mögen die Staaten auf diese Weise untergehen.«[19]

Es gibt einen Satz, der Jean-Paul Sartre zugeschrieben wird, der aber ebenso gut auf Reclus passt: »Um die Menschen zu lieben, muss man sehr stark hassen, was sie unterdrückt.« Reclus war ein Freund des Lebens, aber sein Denken im Zeichen der großen Harmonie aller Lebenden zeigt ebenfalls eine genauso große Unnachgiebigkeit in seinem Kampf gegen all die Staaten und Autoritäten, die dieses Leben verunmöglichen. In den Artikeln, die von ihm meist anonym in der Zeitschrift *Le Révolté* erschienen sind, finden sich Aufrufe zu einem entschiedenen Kampf gegen die Strukturen der Ungerechtigkeit: Der erste anarchistische Artikel, der illegales und kriminelles Handeln gegen die Polizeiherrschaft explizit verteidigt, erschien am 27. Dezember 1879 und hat den vielsagenden Titel »Il faut se décider. Il est temps.« Es ist Zeit, sich zu entscheiden: Entweder man steht auf der Seite der Staaten und Gewalten oder auf der Seite derer, die für den Fortschritt kämpfen. Damit begründete Reclus das Konzept des sogenannten anarchistischen »Illegalismus«, dessen Grundprinzip war, den unterdrückerischen Gesetzen der Staaten nicht zu gehorchen. Stattdessen muss sich freiheitliches Handeln auf eigene ethische Prinzipien und Grundlagen berufen, die diesen falschen Gesetzen widersprechen. Freies Denken und der freie Ausdruck in Literatur und Kunst sind für Reclus Momente einer Respektlosigkeit gegenüber der Autorität, die, einmal eingeübt, auch nicht vor den anderen heiligen gesellschaftlichen Gewalten Halt macht: Auch heute glaubt niemand mehr wirklich an die heilige Unantastbarkeit des Eigentums oder an die vermeintliche persönliche Leistung der fiktiven Eigentümer, die sich nur durch Aktien und Wertpapiere legitimieren. Und so schöpft Reclus aus dem Umstand, dass die moderne Gesellschaft nur noch durch den Respekt vor »chirographischen Fiktionen«, einem »Glauben an blaues Papier«[20] oder die Legitimität der Trennwände in den Wartesälen der Bahnhöfe[21], von einer Realisierung der Anarchie abgehalten wird, seine Hoffnung auf eine Zukunft, die nicht aus Papier, sondern aus Menschen besteht.

Der Kampf gegen Herrschaft und Gewalt ist ein entschiedener und bis ins Äußerste gehender Kampf, aber er beginnt, wie jeder Gedanke bei Reclus, bei den einzelnen Menschen selbst: »Lasst uns in uns selbst und um uns herum kleine Republiken gründen«, schreibt er bereits 1859 in einem Brief an seine Schwester Louise, und begreift darin die Körper und Seelen der solidarisch verbundenen Individuen als Keimzelle der Hoffnung auf die große politische Transformation der Gesellschaft: »Nach und nach werden diese isolierten Gruppen wie verstreute Kristalle zusammenwachsen und die große Republik bilden.«[22] Für viele Anarchist:innen war der Staat das große Problem, und viele anarchistische Theorien verorten dieses Problem des Staates in einem Außen, in einer Art Fremdheit zum eigenen Selbst. Für Reclus war der Staat aber sowohl der Feind draußen wie verinnerlicht als Teil des eigenen Lebens und Handelns: Die Republiken, die zu gründen sind, sind sowohl in den Menschen selbst wie in den Gesellschaften, und sie sind daher im Kleinen wie im ganz Großen verwirklichbar. Das macht es möglich, Reclus' politische Position zwischen Michail Bakunin und Piotr Kropotkin, den beiden anderen großen Theoretikern des Anarchismus, einzuordnen: Bakunin war durch den verbissenen Wunsch zur großen, gewaltigen Revolution beherrscht, die alles Alte zerschlagen sollte. Reclus teilt diesen Wunsch, aber ohne den Glauben daran, dass eine ereignishafte politische Revolution die Freiheit ermöglichen und herbeizaubern kann. Für ihn sind es die kleinen Umwandlungen, die evolutionären Schritte und die kleinen gewonnenen Kämpfe, die zum Ziel führen. Für ihn ist die Zerstörung, aus der für Bakunin die Neuerschaffung der Welt folgen sollte, nur die »einfachste Form der menschlichen Handlung«, die die Überwindung der regressiven Kräfte bewerkstelligen wird. Was Reclus fasziniert, ist dagegen die komplexe Arbeit der gesellschaftlichen Transformation, der Umnutzung und eines organischen Recyclings: »[D]as Ideal ist es, alles zu verwenden zu wissen, den Abfall gebrauchen, die Rückstände, die Schlacken. [...] Ein neuer Organismus richtet sich auf Kosten des alten ein.«[23]

Auf der anderen Seite steht Piotr Kropotkin, der eher evolutionär als revolutionär dachte und mit dem Reclus die Einsicht in den langen, mühsamen Weg zur Freiheit teilt. Aber wo Kropotkin einen technologisch-kulturellen Optimismus vertritt, der den Menschen nach und nach die Mühe der Arbeit erleichtern und die Unterdrückung vom Staat mildern soll, ist Reclus näher an einem Bewusstsein dessen, dass die wirkliche Freiheit nur funktioniert, wenn nicht nur die Menschen, sondern wirklich alle Lebewesen in dieser Freiheit mitgedacht werden: Er ist damit der erste Vertreter der Überzeugung, dass Technologie allein die Menschen nicht befreien wird. Reclus' anarchistische Position ist daher keine überstiegene Revolutionshoffnung und keine romantische Naturmystik, aber auch kein prometheischer Technik-Optimismus, sondern ein Wissen um den zähen, aber unaufhaltsamen Kampf der Menschen für die Erde und ein Wille zu dessen Umsetzung: »L'homme est la nature prenant conscience d'elle-même« ist das Motto, das er vielen seiner Bücher vorangestellt hat: Der Mensch ist die Natur, die sich ihrer selbst bewusst wird, und der deswegen eine besondere Verantwortung für sich selbst als Teil dieser Natur und für die Natur als solche hat. Wir Menschen sind diejenigen, an denen sich das Schicksal allen Lebens auf der Erde entscheidet: Wir sind diejenigen, die für das derzeitige Leben auf diesem Planeten verantwortlich sind, und wir können es entweder retten und zu einem guten Leben für alle Lebewesen umgestalten, oder wir sind diejenigen, die in der Naturgeschichte für die Zerstörung und für das Leid der Erde stehen. Das lässt Reclus zu einem hochaktuellen Autor werden: Klimawandel, saure, überfischte, von Mikroplastik gefüllte Ozeane, Waldbrände, Massentierhaltung, autoritäre, patriarchale Staaten, kapitalistische Ausbeutung von Menschen, Tieren, Pflanzen und Landschaften und die Rücksichtslosigkeit einer gierigen Zivilisation bedrohen alles Leben auf der Erde. Es liegt an uns, ob das Leben auf der Erde ein gutes Leben ist oder nicht, und Reclus kann bei diesem subversiven Projekt der Befreiung von uns selbst und der ganzen Erde ein wichtiger Komplize sein.

Andreas Gehrlach und *Stephan Zandt*

Anmerkungen

1 Piotr Kropotkin, »Obituary. Élisée Reclus«, in: *The Geographical Journal*, 26/3 (September 1905), S. 337–343 (Ausschnitt).
2 Reclus, »Fortschritt«, S. 141.
3 Ebd.
4 Reclus, Der moderne Staat, S. 67.
5 1882 verbreiteten Élie und Élisée Reclus ein Pamphlet mit dem Titel *Unions Libres*. Der Text selbst stammt bis auf das Vorwort von Élisées älterem Bruder Élie Reclus. Vgl. Federico Ferretti: »Anarchist Geographers and Feminism in late 19th Century France. The Contributions of Elisée and Elie Reclus«, in: *Historical Geography 44: Feminist Historical Geographies.* (2016), S. 68–88.
6 Reclus, »Fortschritt«, S. 142.
7 Ebd., S. 136.
8 Milo Probst, »Freiheit im Einklang mit der Natur Fortschritt und Naturbeziehungen bei Élisée Reclus«, in: *Historische Anthropologie,* 27/1 (Juli 2019), S. 125–143, hier S. 131.
9 Vgl. Pierres Clastres, *Staatsfeinde. Studien zur politischen Anthropologie*, Konstanz 2020.
10 Reclus, »Fortschritt«, S. 140 f.
11 Reclus, »Die Anarchie«, S. 166.
12 Paul Reclus, *Les fréres Elie et Elisée Reclus. Ou du Protestantisme à l'Anarchisme*, Paris 1964, S. 31.
13 Siehe dazu: Catherine Malabou, *Au Voleur! Anarchisme et philosopie*, Paris 2022, S. 12.
14 Mit seiner Kritik des Chronozentrismus greift Reclus als einer der wenigen Denker:innen des 19. Jahrhunderts, Johannes Fabians späterer Kritik des westlichen »denial of coevalness« um 100 Jahre voraus. Vgl. Johannes Fabian, *Time and the Other. How Anthropology makes its Object*, New York 1983.
15 Reclus, »Die Anarchie«, S. 166.
16 Ebd.

17 100 Jahre später werden Michael Hardt und Antonio Negri im Anschluss an Spinoza das offene Beziehungsgeflecht der Multitude als politische Klasse ganz ähnlich wie Reclus begreifen: als »Singularitäten, die gemeinsam handeln« (Michael Hardt, Antonio Negri, *Multitude. Krieg und Demokratie im Empire*. Frankfurt a. M. 2004, S. 123).

18 Siehe S. 118.

19 Reclus, »Die Anarchie«, S. 172.

20 Ebd., S. 162.

21 Ebd., S. 160.

22 Élisée Reclus, *Correspondance*, Paris 1911, Band I, S. 206.

23 Reclus, »Fortschritt«, S. 130.

Der moderne Staat

So ist die Welt im Begriff, sich zu vereinigen: bis auf verstreute Eilande in der Unermesslichkeit des Ozeans sind alle Gebiete in das Anziehungsfeld der allgemeinen Kultur eingetreten, wobei der europäische Typus vorherrscht. Einzig in einigen seltenen Enklaven, in Höhlenländern, wo die Menschen das Licht fliehen, an ganz entlegenen Stätten, die von Felswänden umschlossen sind, von Wäldern oder Sümpfen, haben sich Volksstämme gänzlich isoliert zu halten vermocht, ohne dass ihr Dasein sich mit dem Rhythmus des großen universellen Lebens verbindet. Wie sorgsam bedacht sich auch im Übrigen diese Völkerschaften verbergen, denen der kleine angestammte Kreis genügt, so haben die Forscher sie schon entdeckt und in das Ganze der Menschheit aufgenommen, wobei sie ihre Körperformen, ihre Lebensweise, ihre Überlieferungen untersuchten und sie dort einreihten, wo sie eine unbekannte Gruppe bildeten.

Die instinktive Neigung aller Staaten, an den allgemeinen Angelegenheiten der gesamten Welt teilzunehmen, zeigt sich bereits an manchen Ereignissen der heutigen Geschichte. So sah man im Jahr

1897 wie die sechs großen europäischen Mächte, jede vielleicht mit einem Hintergedanken, aber alle mit dem Anspruch, das europäische Gleichgewicht aufrechtzuerhalten, zugleich die Türkei und Griechenland zufriedenstellten, wobei man einige unglückliche Kreter erschoss, von da an »Brüder in Christo«, da die »öffentliche Ordnung« dies so wollte. Trotz des herzlosen Schauspiels, das diese große Machtentfaltung gegen ein kleines Volk darstellte, das beanspruchte, Gerechtigkeit zu erlangen, war das nicht minder eine gänzlich neue und anregende politische Tatsache, dass sich diese Soldaten und Seeleute verschiedener Sprachen und Staaten in Truppenabteilungen unter den Befehlen eines Anführers scharten, der unter Engländern, Österreichern, Italienern, Franzosen und Russen ausgelost worden war. Das war ein Ereignis von internationalem Charakter, bis jetzt in der Geschichte einzigartig durch die methodische Präzision, mit der man es in Gang gesetzt hatte. Von nun an erwies es sich, dass Europa in seiner Gesamtheit eine Art Republik von Staaten ist, vereinigt durch die Solidarität der Klassen. Die Finanzkaste, die von Moskau bis Liverpool regiert, hatte die Verwaltungen und die Armeen in perfekter Disziplin handeln lassen.

Seitdem hat uns die Geschichte mehrere andere Beispiele dieses Rats der Nationen aufgeführt, der spontan in allen gravierenden politischen Umständen zusammentritt; da die Interessen aller im Spiel sind, will jeder seine Rolle bei den Befreiungen einnehmen und seine Vorteile im Reglement haben. In China zum Beispiel ist die momentane, zwischen Staaten entstehende Föderation zu begrenzt, um die militärischen Repräsentanten aller Staaten in einem gemeinsamen Werk der Zerstörung und des Gemetzels zu vereinigen; anderswo, besonders in Marokko, beschränken sich die gemeinsamen Tätigkeiten auf diplomatische Plaudereien; aber wie dem auch sei, die Tatsache steht fest. Die Staaten haben ein sehr deutliches Bewusstsein davon, wie alle entstehenden Gegebenheiten irgendwo auf ihr eigenes Geschick zurückwirken, und zu ihrem Besten mühen sie sich, einer Veränderung des Gleichgewichts vorzubeugen. Dennoch ist es wichtig, auf den Gegensatz aufmerksam zu machen, der in der Solidarität der bewahrenden Staaten entsteht, verglichen mit derjenigen der Völker in revolutionärer Zeit. Der Druck wird ausgeübt, doch in umgekehrter Richtung. Während im Jahr 1848 die Welt von einem Freiheitsbeben erschüttert wurde, erlebt man, wie sich fünfzig Jahre später England den Repräsentanten der Aristokratie ausliefert und sich hinter einer Bande von Freibeutern in einen langen Krieg wirft, Frankreich ringt mit einem Wiederausbruch klerikalen und militärischen Geistes, Spanien führt wieder die Bräuche der Inquisition ein, Amerika, bevölkert von Einwanderern, versucht, seine Tore dem Fremden zu verschließen, und sogar die Türkei nimmt ihre Rache an Griechenland wieder auf.

Da sich die Bewegung der Konvergenz zu einem gemeinsamen Verständnis der Dinge hin in der ganzen Welt zeigt, ist es gestattet, den Geisteszustand und die Ausübung der zivilisierten Menschen Europas in die Führungen ihrer Gesellschaften und in die Verwirklichung ihres Ideals als Ausgangspunkt der Verwandlungen aufzunehmen, die sich in der Zukunft vollziehen werden. Offenbar wird jede Menschengruppe, die zum selben Ziel unterwegs ist, nicht sklavisch der gleichen Hauptstraße folgen, sondern wird, entsprechend dem von ihr aktuell eingenommenen Punkt, den Seitenweg nehmen, der durch die Resultante aller individuellen Willensakte, die ihn bilden, bestimmt wird. Es ist also eine Art Durchschnitt festzulegen, ein Durchschnitt, an den sich, gemäß des Milieus in Zeit und Raum, die besondere Situation jeder Nation und jedes sozialen Elements heftet. Doch in einer parallelen Untersuchung muss sich der Forscher sorgsam von jeder Neigung zum Patriotismus entfernen, ein Rest der antiken Täuschung, der zufolge die Nation, der sie angehörte, sich durch eine göttliche Vorsehung bei dem Erwerb von Reichtümern und der Vollendung großer Dinge besonders ausgezeichnet fand. Dieser bei allen Völkern natürlichen Täuschung, die in Verdienst und Genie die ersten sind, entspricht eine andere Täuschung, die Louis Gumplowitz[1] mit dem Ausdruck »Anachronismus« bezeichnet, und durch dessen Wirkung man sich gern vorstellt, dass die zeitgenössische Zivilisation, wie unvollkommen sie auch sein mag, nicht minder der Höhepunkt der Menschheit ist, und dass alle die früheren Zeitalter im Vergleich damit zu den barbarischen gehören. Das ist ein »chronozentrischer« Egoismus, analog dem »ethnozentrischen« des Patriotismus.

In der heutigen Gesellschaft ist das »Menschenrecht«, durch einzelne Individuen seit Tausenden von Jahren verkündet und seit einem Jahrhundert durch eine Versammlung, welche die Aufmerksamkeit der Völker und Zeiten anlocken wird, dieses Recht also ist erst als Grundsatz bekannt, wie ein bloßes Wort, in dessen Sinn man nicht einzudringen sucht. Die brutale Tatsache der Autorität währt gegen das Recht fort, zugleich in der Familie, in der Gesellschaft, im Staat; es dauert fort, doch indem es sein Gegenteil zulässt, indem es sich mit ihm in tausend unlogischen und bizarren Kombinationen vermischt. Noch nicht sehr zahlreich sind die Fanatiker der absoluten Autorität, die dem Fürsten das Recht von Leben und Tod über seine Untertanen verleihen, dem Ehemann und dem Vater sogar das Recht über seine Frau und seine Kinder. Die Meinung treibt unentschieden dahin, in diesen Themen weniger durch Überlegungen als durch die Umstände des Dramas, die persönlichen Sympathien, die Form der Berichte geleitet. Auf eine allgemeine Weise lässt sich sagen, dass der Mensch die Strenge seiner Freiheitsgrundsätze an dem Teil persönlichen Interesses misst, das er an der vollendeten Wahrheit hat. Er ist streng, unbescholten, wenn es sich um Ereignisse handelt, die sich auf der anderen Seite der Erdkugel zutragen; er vergleicht ein wenig und mischt seine autoritären Anwandlungen mit Vorstellungen des Menschenrechts, wenn die Ereignisse sich auf sein Land, auf seine Kaste beziehen; wenn er schließlich direkt betroffen ist, läuft er Gefahr, sich durch die Leidenschaft blenden zu lassen, und er würde gern als Herr sprechen.

Ist es nicht in manchen Ländern, wie zum Beispiel Frankreich, sozusagen angebracht, dass der Ehemann das Recht hat, seine untreue Frau zu töten? Kann man nicht vor allem in der Familie, in seinen täglichen Beziehungen mit den Seinen, den Menschen am besten beurteilen: ob er die Freiheit seiner Frau absolut respektiert, ob die Rechte, die Würde seiner Söhne und Töchter ihm ebenso wertvoll sind wie seine eigene, dann ist der Beweis erbracht: Er ist würdig, in eine Versammlung freier Bürger einzutreten; wenn nicht, ist er immer noch Sklave, da er Tyrann ist.

Man hat oft wiederholt, dass die Familiengruppe die Urzelle der Menschheit sei. Dies ist eine sehr relative Wahrheit, denn zwei Menschen, die sich begegnen und sich in Freundschaft verbinden, eine Gruppe, die sich für die Jagd oder den Fischfang bildet, welche sogar Tiere umfasst, ein Konzert von Stimmen oder Instrumenten, die sich in Übereinstimmung vermählen, und Gedanken, die sich in gemeinsamem Tun verwirklichen, bilden gleichermaßen initiierende Gruppen in der großen Weltgesellschaft. Zumindest ist gewiss, dass die Familienbindungen, wie sie außerdem im Schwange sind, Polygynie oder Polyandrie, Monogamie oder freie Verbindungen, durch die Rückwirkung ihrer Ethik eine unmittelbare Wirkung auf die Form des Staates ausüben; man sieht im Großen die Dinge der gleichen Art, wie man sie im Kleinen sieht. Die Autorität, die in der Führung vorherrscht, entspricht derjenigen, die in den Familien wütet, doch gewöhnlich, das muss gesagt sein, in kleinerem Maßstab, denn die Führung hat auf die verstreuten Individuen nicht die gleiche Druckkraft, wie der Gatte auf die Gattin, die im selben Zelt wohnt.

Entsprechend dieser Familienpraktik, die bei allen Beteiligten auf natürliche Weise zum »Grundsatz« geworden ist, hat sich demnach die Regierung in allen voneinander getrennt existierenden Teilen des Menschengeschlechts in deutlich unterschiedenen politischen Körperschaften zusammengeschlossen. Die Ursachen dieser Teilung variieren und vermischen sich untereinander: Hier hat der Unterschied von Sprachen zwei Gruppen bestimmt; anderswo haben die ökonomischen Bedingungen, die von einem besonderen Boden herrühren, von besonderen Erträgen, von anders ausgerichteten historischen Wegen, die Grenzlinie gezogen; dann sind alle ersten Ursachen, die natürlichen und die sich allmählich entwickelnden, gekommen, um die Konflikte zu beschönigen, die eine autoritäre Gesellschaft überall und immer rechtfertigen muss. So haben sich, durch das unaufhörliche Spiel der Interessen, der Ansprüche, der anlockenden und abweisenden Kräfte die Staaten umgrenzt, und streben, trotz ihrer unaufhörlichen Umschwünge, nach einer kollektiven Art von Persönlichkeit, die sogar seitens ihrer Staatsangehörigen ein besonderes Gefühl der Liebe, der Hingabe, des Opfers erheischt, das man »Patriotismus« nennt. Ein Eroberer zieht vorbei, löscht die Grenzen aus, und, im Nu, müssen die Untertanen, von Amts wegen, ihre Gefühle verändern, sich nach einer neuen Sonne richten.

So wie das Eigentum das Recht ist, zu gebrauchen und zu missbrauchen, genauso ist die Autorität das Recht, zu Unrecht oder zu Recht zu urteilen. So hören es die Herren, und auch genauso verstehen es die Beherrschten, ob sie nun unterwürfig gehorchen oder ob sie in sich den Geist der Revolte spüren. Es stimmt, die Philosophen haben etwas ganz anderes in der Autorität gesehen. Begierig, diesem Wort eine Bedeutung zu verleihen, die es dem ursprünglichen Sinn näherbringt, analog dem der Schöpfung, sagen sie uns, dass die Autorität jedwedem innewohnt, was Zeichen für irgendetwas Nützliches sei, dass es sich um den ersten der Weisen handelt oder die letzte der Familienmütter, und manche gehen sogar so weit, den Revolutionär, der sich gegen die Macht aufrichtet, als den wirklichen Repräsentanten der Autorität zu betrachten.

Jeder hat das Recht, die ihm geziemende Sprache zu sprechen und den Worten den Sinn zu geben, den er persönlich gewählt hat; doch ist es gewiss, dass im volkstümlichen Gespräch das Wort »Autorität« genau den Sinn besitzt, den Poseidon, der Befehlshaber der Stürme, ihm gab: »Wie ich will, so befehle ich. Keine Ursache, mein Wille genügt!« Seitdem sprachen die Herren niemals anders. Ist man nicht übereingekommen, dass die »Kanone die letzte Räson der Könige ist«? Und unterscheidet sich die »Staatsräson« nicht wesentlich durch die Tatsache, dass sie nicht die Vernunft *(raison)* ist? Sie stellt sich außerhalb der Bedingungen der gewöhnlichen Menschheit, sie befiehlt dem Gerechten und dem Ungerechten, dem Guten und dem Bösen, wie sie es wünscht.

In guter autoritärer Logik gehört alles dem absoluten Herrscher, die Erde ebenso wie das Leben seiner Untertanen. Geschah es nicht schon durch die Wirkung einer wirklichen Herablassung, dass Ihre Majestät von Siam von Ihrem Regierungsantritt an geruhte, »alle Ihre Untertanen zu berechtigen, sich an den Bäumen und Pflanzen, dem Wasser, den Steinen und allen anderen Stoffen zu bedienen, die sich in Ihrem Königreich befanden«?[2] Und war es nicht umgekehrt, von der Seite des Untertanen aus, eine gewisse Kühnheit, »unter der Sohle der heiligen Füße all das niederzulegen, was sich in Ihrem Besitz befand«? Denn es versteht sich von selbst, dass alles dem Herrn der Herren gehört, und der Despot hätte die Kühnen köpfen lassen können, die es wagten, vor ihm eine solche Rede zu führen, ein Beweis dafür, dass trotz der Formeln der Erniedrigung, der Privatbesitz in dem Land zu existieren begann und dass der Herr nicht allein war. Aber die politische Welt ist voll von diesen Widersprüchen zwischen dem Grundsatz der absoluten Autorität und den Erfordernissen der individuellen Freiheit. Im despotischen Asien oder, wenn man nicht so weit geht und im »freien England« bleibt, sieht man da nicht in Tausenden Texten der Vergangenheit, deren Sinn in der Gegenwart wenig begriffen wird, dass die Autorität des Fürsten tatsächlich fast unbegrenzt war?

Die Entwürdigung, die sich der Untertan in seinen Beziehungen zu dem Monarchen gefallen lässt, kennt fast keine Grenzen. Kaum ein Jahrhundert ist vergangen, seit der Kaiser Paul[3] alle Passanten veranlasste, den Hut abzunehmen, damit er ihre Frisur sehe, und er duldete nur dann jemanden in seiner Gegenwart, wenn das auf das Parkett fallende Knie des Verehrenden und sein auf die kaiserliche Hand fallender Kuss im Saal mit großem Lärm erschallten. Das Wort »kahlköpfig« war unter Strafe der Knute verboten, desgleichen der Ausdruck »plattnasig«, weil die majestätische Nase platt gedrückt wie die eines Kalmücken war. Es war verboten zu sagen, dass die Himmelsgestirne ihre »révolution« (Umlaufbahn) vollendeten, und in allen Theateraufführungen war der Gebrauch des Wortes »Freiheit« verboten, das durch »Erlaubnis« ersetzt werden musste. Und dennoch herrschte dieser Wahnsinnige, dessen Wahn Methode hatte, fünf Jahre, und sein Volk hätte ihn unendlich lang auf seinem Thron gelassen: Er kam durch die Bemühung einer Hofverschwörung um, von der sein Sohn, der künftige Alexander I., nichts wusste.

Und wenn sich die persönliche Macht durch die verworfenen Seiten zeigt, dann ist sie auch nicht unter ihrem grausamen Aspekt zu sehen! Die Kriege, denen Napoleon seinen Namen überlassen hat, waren wohl die seinen, und wenn sein sogenanntes »Genie« sich nicht eingemischt hätte, hätte die verrückte Expedition nach Ägypten gewiss nicht stattgefunden, hätten sich die Heere nicht im grausamen Spanienkrieg aufgelöst, um dort Joseph Bonaparte einen Vizekönigsstuhl zu verleihen; das schreckliche Zusammentreffen von Menschen, das in Zentral-Russland vonstattenging und das in einem namenlosen Unheil endete, war gleichfalls das Ergebnis kaiserlichen Willens. Ohne ihn, dessen Erscheinen sich im Übrigen durch das Unwissen und die armseligen Leidenschaften seiner Zeitgenossen erklärt, hätten Millionen menschlicher Leben verschont werden können.

Andere Verwüster sind auf denjenigen gefolgt, den man sich erdreistete »Märtyrer von St. Helena« zu nennen, und ebenso wie mancher Soldat sich vorstellt, den »Marschallstab in seinem Tornister« zu tragen, haben Tausende Heerführer gehofft, den Degen Napoleons zu erben. Der Eroberer ist nicht mehr da, doch kann man schon von ihm wie von einem Toten sprechen, dem die Lebenden dienstbar sind. Dieses Schauspiel ist zugleich sehr lehrreich und sehr beklagenswert: dass sich nämlich zahlreiche Menschenmengen zusammenrotten, die einen Herrn suchen. Die Herde verlangt nach einem Hund, der an ihren Flanken kläfft, der ihr seine Reißzähne ins Fleisch treibt. Menschenmengen rufen die Napoleone an, aber diese antworten nicht auf den Ruf, man kann bloß für die Stiefel und die Karbatsche des Verblichenen einen Kult ausüben. Man darf keineswegs die antike Knechtschaft in ihrer ganzen Schändlichkeit wiederbeleben, doch man verherrlicht sie als Legende, man macht eine heilige Zeit daraus, und die Dichter versuchen, in der heldischen Tonart die Niederträchtigkeit der Ahnen zu besingen. Und da der Herr nicht mehr da ist in seiner blendenden Größe, kann man sich halbwegs damit trösten, sich vor den zweitrangigen Herren niederzuwerfen, die ihm am meisten ähneln, vor denjenigen, die die wesentlichen Eigenschaften des Herrschers in den Dienst ihres Ehrgeizes stellen; völliges Fehlen von Skrupeln, absolute Verachtung der Menschen, immerzu unbefriedigte Glut des Genießens, verfeinerter Verstand im Dienst des Bösen, grausamer Spott, der dem Verbrechen Geschmack verleiht.

Obwohl die Theoretiker, die im Staat etwas wie eine vom Menschen unabhängige Ganzheit sehen, uns daher sagen, die Geschichte zeige uns auf die deutlichste Weise, dass die Regierung sich immer noch zum großen Teil in der primitivsten Gestalt der Gewalt darstellt, jener des Wucherns, der Launenhaftigkeit, und dass der Repräsentant des Staates schlechthin, das heißt der Souverän, ihm gewaltsam die Richtung gibt, die der Resultante seiner Leidenschaften und Interessen entspringt. Nicht allein der König ist nur ein Mensch, es spricht sogar vieles dafür, dass er ein weniger als mittelmäßiger Mensch ist, da er von Schmeichlern und Intriganten umgeben ist, die ihm die Wahrheit verbergen, und dass der Taumel seiner privilegierten Stellung ihn anfällig für Wahnsinn macht. Lecky[4] stellt fest, dass mehr als die Hälfte der Kriege, die Europa verwüsteten, ihren Ursprung in den ganz offenkundigen Zerwürfnissen von Herrschern hatten. Es ist mühelos zu verstehen, dass dem so war. Die Völker hatten kein Interesse an diesen Familienzwisten, die über ihnen schwebten, aber sie fanden sich derart mitgerissen wie das Wasser in einem Strudel der Schleuse: Wie eine träge Sache, den Rivalitäten und Hassgefühlen ihrer Herren ausgesetzt, wurden sie verwendet, die einen zu befriedigen und die anderen zu sättigen. Die persönlichen Einfälle, die Familieninteressen, nun, die verbergen sich unter der »Gnade Gottes«, Erbe antiker Zeiten, hinterlassen von den Merodach (Marduk), den Pharaonen und Cäsaren. Sogar unter den heutigen Königen, die durch exakte Einrichtungen und Institutionen verbunden sind und die, trotz ihrer Anwandlungen absoluter Macht, sich ein wenig in der Lage von Insekten fühlen, die von einer Nadel aufgespießt wurden, kann die heutige Geschichte zumindest einen benennen, der, in der Mitte Europas, auf einem der höchsten Throne der Welt sitzend, sich bei jeder Gelegenheit als direkt von Gott auserwählt kundtut: der Allerhöchste selbst, der sich vor niemandem zu verantworten hat als dem Allerhöchsten gegenüber.

Doch aus der historischen Entwicklung folgt, dass die meisten Verteidiger des alten Regimes den Angriff aufgegeben haben und sich an die Abwehr halten; sie treten dabei für mildernde Umstände ein. Desgleichen behält man in einer denkwürdigen Epoche die Republik in Frankreich bei, weil sie der Übergangszustand war, der am wenigsten zerteilte; desgleichen bewahrt man die Monarchie in mehreren Staaten, weil sie es den verschiedenen Parteien erlaubt, geduldig auf eine Übereinstimmung hinsichtlich der notwendigen Veränderungen zu warten. Alle häuslichen und privaten Tugenden, die der Souverän möglicherweise besitzen kann, werden berechnet wie ganz besonders außergewöhnliche Verdienste, und sogar alle Begünstigungen des Schicksals, gute Ernten und schöne Tage, werden betrachtet, als verdankten sie sich zwar nicht unbedingt seiner direkten Macht, zumindest aber einer

Art Eingriff. Das Symbol dieser Souveränität des irdischen Herrn über die Elemente des Himmels ist noch in China während einer Sonnen- oder Mondfinsternis zu sehen, wenn der chinesische Mandarin, mit seinen Waffen ausgerüstet und in seiner Prachtuniform von unten herauf seine Befehle im Namen des Kaisers kundtut und, zum Vergnügen seines Volkes, das bedrohte Gestirn befreit. Jüngst, als die Königin Viktoria von England, nach einer sehr langen Herrschaft von einem dreiviertel Jahrhundert, starb, schienen sich unzählige ihrer begeisterten Untertanen fast vorstellen zu können, sie wäre bei den gewaltigen Fortschritten in der Welt während der viktorianischen Ära, *the Victorian Age*, zu etwas nutze gewesen. So bildeten sich einst die Legenden der Rama, des Cyrus, von Karl dem Großen; so brachte »ein Blick von Ludwig die Corneilles auf die Welt«.

Der Zustand des Übergangs zwischen der Knechtschaft aller zu der eines Einzigen, der normalen Form der Monarchie, und der freien und spontanen Gruppierung der Menschen, die harmonisch funktionieren, die normale Form der Menschheit, wird gekennzeichnet durch Verfassungen, Urkunden, Statuten, die sich mit der Zeit notwendigerweise verändern müssen, nicht nur, weil die Nation, auf die sie angewendet werden, sich mehr oder weniger rasch entwickelt, sondern auch, weil diese derart feierlich verkündeten Konventionen keine ursprünglichen Werke sind, die dem genauen Willen des Volkes entspringen: Es sind zumeist mehr oder weniger geschickte Kopien, andere Dokumente der gleichen

Art, und wie die Gesetze stellen sie stets die ausschließlichen Interessen der herrschenden Klasse dar. Keiner kritisierte besser die niedergeschriebenen Verordnungen als der Abgeordnete der Cherokee, der in einer Generalversammlung der Stämme des indianischen Gebietes sprach, die 1872 für die Erörterung einer allgemeinen Charta zusammentrat: »Wir müssen«, sagte er, »dafür sorgen, dass sich die Institutionen in das Herz unserer Mitbürger eingraben, einzig so werden sie von Dauer sein. Sie auf Papier zu schreiben ist so gut wie sie in die Rinde eines Baumes zu ritzen. Die Eiche des Waldes wächst jedes Jahr und wechselt jedes Mal die Rinde: desgleichen bei der indianischen Nation. Zwei Dinge vergehen nicht: der Wille des Menschen und das Herz der Eiche. Der Wille muss uns halten, wenn wir leben und überdauern wollen.«

Die Bezeichnung Republik, die, im Gegensatz zu der Bezeichnung der Monarchie, bei bestimmten Staaten verwendet wird, wurde im Lauf der Zeiten ganz verschiedenen Organisationen gegeben, die aber jeweils versuchten, eine mehr oder weniger eingeschränkte Gruppierung von Menschen leben zu lassen, die sich als Freie inmitten einer Bevölkerung von Sklaven oder barbarischen Nachbarn betrachten. Unlösbares Problem! Denn es kann keine wirklich freie Gesellschaft geben, wenn ein einziger Mensch auf diesem Planeten aus Wasser und Erde geknechtet bleiben wird. Desgleichen der Bürger von Athen, der Plebejer von Rom, der Hirt der Pyrenäentäler, sogar die Mitglieder des Stammes der Ova Mbarandu, im Süden von Curnene[5], die der Missionar

Duparquet als starrsinnige Republikaner schildert, die in völliger Freiheit ohne Häuptling leben, ohne Priester, der die Lehenspflicht oder Steuern verlangen könnte, alle diese Gemeinschaften sind durch die knechtischen Reiche, die sie umgaben, zugrunde gegangen oder geschluckt worden. Doch kann man sagen, dass diese Organisationen Lösungen formulierten, die ursprünglicher waren als die der Republiken des 20. Jahrhunderts, die der Verwaltung der internationalen Hochfinanz unterworfen und durch sie auf den Rang der Nachbarmonarchien herabgestuft wurden.

Die Unterschiede der Bezeichnung sind also ohne wesentliches Merkmal, doch es ist wichtig, sie festzustellen und ihren historischen Ursprung zu bestimmen. Unter den hundertachtzig Millionen oder zweihundert Millionen Menschen, die zur Zeit unter der Herrschaftsform der Republik leben, wenn nicht ohne Herren, dann zumindest doch ohne offizielle Könige, sind offenbar die Schweizer, die Amerikaner, die Franzosen zur Übernahme desselben Namens durch höchst unterschiedliche Umstände verleitet worden. Die Schweiz, die zuerst ein Chaos von Herrschaften, herrschaftlichen Gütern, Lehen, ländlichen Gemeinschaften gewesen war, brauchte nur ihr Gleichgewicht von Kräften zu suchen und aufrechtzuerhalten, um eine republikanische Föderation zu werden; die Vereinigten Staaten sind durch den Starrsinn Englands dazu getrieben worden, auf die monarchische Herrschaft zu verzichten, der sie zuerst ehrfürchtig treu bleiben wollten; desgleichen konnten die hispano-amerikanischen Republiken, die sich in der Geschichte durch den Ruf »Es lebe Ferdinand VII.«[6] kundgetan haben, offenbar zum Verzicht auf das Königtum gekommen sein – nach einer langen Entwicklung von Kriegen und bürgerkriegsähnlichen Umwälzungen. Die lusitano-brasilianische Republik war lange Zeit in die monarchischen Institutionen eingetaucht gewesen, und das halbe Dutzend halb-republikanischer Kolonien von *Greater Britain* (»Größeres Britannien«), das Dominion oder die »Oberherrschaft« von Kanada, das Commonwealth von Australien, die »Kap-Kolonie«, Neu-Seeland usw. haben sehr geschickt einen Rest monarchischer Formen an ihre republikanische Verfassung angepasst. Einzig Frankreich ist ganz unmittelbar, durch die Logik der Dinge, dazu gebracht worden, das Königtum als Frevel an den Menschenrechten zu betrachten und aus der Republik ein Symbol von Freiheit, Gleichheit, Brüderlichkeit zu machen.

Doch das ist nur ein Symbol, und ein Symbol ist fast überall unverstanden. Die Französische Republik fügt sich auf seltsame Weise den monarchischen Hinterlassenschaften; sogar 1875, als über die Aufrechterhaltung der republikanischen Form in Frankreich im Parlament mit einer Stimme Mehrheit entschieden worden war, wurde stillschweigend anerkannt, dass, angesichts der Schwierigkeit, einen König zu finden, wenn man das Wort akzeptierte, man starrsinnig auf seinen Grundsätzen verharren würde, und dass die alten Institutionen – die man die guten Grundsätze nennt – respektvoll geschützt würden. Und dies fand tatsächlich statt. Die Republik, gute Prinzessin, die mühsam das Geld in den niedrigen Bettstätten des elenden Volkes aufsammelt, um ihre Beamten zu bezahlen, die Republik fuhr gottesfürchtig fort, ihre Beamten zu entlohnen, während jene, den Vorläufern, der Routine, dem Korpsgeist getreu, fortfuhren, das neue Regime zu tadeln, dank dessen sie in hohem Ansehen standen. Offiziere, Priester, sogar Lehrer rechneten es sich zur Ehre an, die Regierung zu verraten, der sie eigentlich Achtung und Dienst erweisen sollten, und sie brüsteten sich in ihren Gesprächen und Rundschreiben damit. Während dieser Affäre militärischen Verrats – Dreyfus-Affäre genannt –, die in dem gewaltigen Wirbel menschlicher Leidenschaften einen epischen Charakter annahm, war der folgende Zwischenfall einer der sonderbarsten und bedeutsamsten, nämlich die Befragung der Zöglinge von Saint-Cyr, der großen Militärschule Frankreichs. »Wünschen Sie die Veränderung der Regierungsform?« – »Ja!«, lautete die einstimmige Antwort, die bei einigen Zöglingen durch Kraftausdrücke verstärkt war. Und als man später, unter dem Druck eines Teils des Volkes, aufgebracht sah, dass die religiösen Gemeinschaften sich nach und nach des Unterrichts in Frankreich bemächtigten und den ganzen Verstand der Kinder durchkneteten, um aus ihnen gleichviele kleine Jesuiten zu machen, entschloss sich die Regierung schließlich, sich zu verteidigen, sah man da nicht alle Gerichte einstimmig alle Rebellionen, Beleidigungen, Gewalttaten von Mönchen und ihren Freunden rechtfertigen und einhellig zu Strafen verurteilen, die so geringfügig waren, dass sie die Übereinstimmung der Richter mit denen erwiesen, die man verfolgte? Niemals sah man ein trefflicheres Beispiel für dieses »Haus, das uneins ist gegen sich selbst«, von dem das Evangelium spricht.[7] Nun, »ein solches Haus mag nicht bestehen«, sagt uns der Verstand. Jeder Tag zeigt uns einen Stein, der sich aus dem Gebäude löst.

Die Revolutionen, anderswo unter ganz vielfachen Formen, sind also unausweichlich, da die Evolutionen in ihrem normalen Funktionieren entgegengesetzt sind. Wie sich die abschließenden Katastrophen in tausend kleine Ereignisse aufteilen, Bankrotte und Selbstmorde, Streitereien, Streiks oder Hungersnöte, Industrie-Trümmer oder politische Verluste, Verarmung und Entvölkerung oder gar wie ein politischer und sozialer Sturm, der jäh übers Land zieht und dabei eine Spur von Trümmern und Leichen hinter sich lässt, so ist das Resultat in seiner Gesamtheit das gleiche. Die Sprache der Geschichte ist in dieser Sache kategorisch. Entweder der Tod, wie anderswo für die Chaldäer, Elam, die Bakten oder die mühselige, gewaltsame, schmerzhafte Verwandlung für alle heutigen Nationen, die nicht untergehen können, weil sie sich dennoch untereinander helfen, wobei sie sich gegenseitig in der vitalen Konkurrenz verschlingen! Es kann hier auch lange Zeit keinen anderen Ausweg geben als den Staat, der, durch die persönliche Macht eines Einzelnen oder von mehreren Einzelnen dargestellt oder gar durch eine ganze Klasse, das hervorragende Recht bewahren wird, sich als Erzieher der Nation zu betrachten, denn diese Erziehung der Nation wird er immer zu seinem eigenen Vorteil gestalten, sogar mit der vollkommenen Täuschung, sich dem »Wohl des Landes zu widmen«. Es vollzieht sich eine Arbeitsteilung, die für diejenigen ganz natürlich scheint, die die Aufrechterhaltung der alten Vorrechte wünschen: auf der einen Seite die Pflicht zu herrschen, auf der anderen diejenige, zu gehorchen. Aber diejenigen, die sich damit belasten, »den Staatswagen zu ziehen«, sollten alles wissen, alles vorhersehen, alles organisieren; oder die Untertanen, die sich auch weiterbilden, stellen die von ihren Herren begangenen Fehler fest, beklagen diese Arbeitsteilung und schicken sich an, sie umzustürzen.

Waren die Julitage nicht die erzwungene Folge der »Verfügungen« und des ganzen Regimes der Unterdrückung, das den Konflikt herbeigeführt hatte? War der Deutsch-Französische Krieg von Zusammenprall zu Zusammenprall und von Wechselfall zu Wechselfall nicht die natürliche Folge der beiden napoleonischen Kaiserreiche, welche die beiden französischen Republiken umstürzten? Und in den ersten Jahren des 20. Jahrhunderts, hätte da Russland nicht den Zusammenprall mit den japanischen Heeren aushalten müssen, wenn es nicht, in Verletzung aller Versprechen, sich einer chinesischen Provinz bemächtigt hätte und über die Einfaltspinsel spottete, die seinem Wort glauben konnten. Zu Unrecht sieht man einfach in den Revolutionen die Wirkung eines Zerstörungsdrangs, der die Volksmassen aufwühlen und zur Zerstörung führen würde. Gewiss gibt es diesen Drang, alle Erzieher haben bemerkt, wie gebieterisch er bei den Kindern ist, bei Verliebten, geboren aus der Erneuerung. Man darf nicht vergessen; »Leben ist Handeln« und »Zerstörung die einfachste Form des Handelns« (Anatol France[8]); aber es gibt nur den Instinkt; man muss vor allem den kollektiven Willen in Betracht ziehen, der den allgemeinen Bedingungen der Gesellschaft entspringt.

Wenn das Leben überschwappt, ist es nicht mehr zu unterdrücken: Es ist wie fließendes Wasser, das man eindämmen kann, das aber einen Ausgang finden muss, entweder unter der Sperre, indem man es in das gewohnte Bett drängt, oder durch eine seitliche Senkung in einer neuen Rinne. So erklären sich die unvorhergesehenen Wirkungen der Revolutionen und der gewaltsamen Gegenrevolutionen. Nach jähen Wechseln, durch die Gewalt erlangt, tut sich das Leben nicht mehr in den gleichen Handlungen kund, es nährt bis dahin schlummernde Energien, dringt in neue Kanäle ein, wird Wasser, das durch einen Kolben verdichtet wird; aber was auch immer die Verwandlungen sind, die Beharrlichkeit der Kraft wird immer vorherrschen. Die Arbeit wird auf andere Weise vollendet, aber sie wird vollendet, und hat eine ganze Reihe unerwarteter Ereignisse im Gefolge, die die schwachen Menschen, die den Wirkungen unterworfen sind, unheilvoll oder günstig nennen, wobei sie gewöhnlich anhand ihres engen Egoismus und ihrer momentanen Sicht urteilen. So verwandelt sich die Bewegung in Wärme und die Wärme in Elektrizität. Sieht man, dass die Maschine anhält, lässt man sich leicht zu der Ansicht hinreißen, die Kraft zerstreue selbst sich, aber da bricht sie jäh aus, umgewandelt. Es ist der Gott, der schwindet und sich in fortwährenden Verkörperungen wiederfindet. Der sich immerzu verwandelnde Proteus hat die Gestalt eines neuen Wesens angenommen.

In der Täuschung des Kindes und des Barbaren, das überbordende Leben der Menge aufhalten zu können, die Gesellschaft zu ihrem persönlichen Nutzen unbeweglich zu machen, wobei Individuen und Klassen über die Macht verfügen, greifen Staatsoberhäupter und aristokratische Herren, religiös oder bürgerlich, gern mit brutaler Gewalt ein, um jede Initiative des Volkes zu unterdrücken; aber sie tun es nur mit zögernder Hand. Die unbeweglichen Gesetze der Geschichte sind allmählich so bekannt, dass die Kühneren unter den Ausbeutern der Gesellschaft es sich nicht erlauben, sie in ihrer Bewegung vor den Kopf zu stoßen; sie müssen mit Wissen und Geschick vorgehen, um sie auf ihre Seitenwege abzulenken, wie einen Zug, dessen Weichen man außerhalb der Hauptlinie stellt. Das bis jetzt am häufigsten verwendete Mittel, und unglücklicherweise eines derer, die bei den Herren der Völker noch erfolgreicher sind, besteht darin, alle nationalen Energien in Wut gegen das Ausland zu verwandeln. Die Vorwände findet man leicht, da die Interessen der Staaten verschieden und widersprüchlich bleiben durch die Tatsache gar der Auftrennung in künstliche und deutlich unterschiedene Organismen. Es gibt auch mehr als Vorwände, es gibt Erinnerungen an Unrecht, an Massaker, Verbrechen jeder Art, verübt in den Kriegen des Altertums; der Ruf nach Rache erschallt wiederum; und während der neue Krieg vorübergegangen sein wird wie eine Feuersbrunst, die alles in ihrer schrecklichen Flamme verschlingt, wird sie gleichermaßen die Erinnerung an den Hass zurücklassen und wird als Ferment für die zukünftigen Konflikte dienen. Wie viele Beispiele könnte man als ähnliche Ableitungsmittel anführen! Auf die inneren Schwierigkeiten der Regierung antworten die Machthaber durch äußere Kriege: dass diese Kriege triumphal seien; und die Herren versäumen es nicht, davon für die Festigung ihres Regimes zu profitieren; sie werden ihr Volk durch den Wahnsinn der Eitelkeit namens Ruhm erniedrigt haben; sie werden daraus einen schimpflichen Komplizen gemacht haben, indem sie ihn zu Diebstahl auffordern, zu Plünderung, zu Gemetzel, und die Solidarität mit dem Bösen wird die ersten Rückforderungen vertuschen, bis sich die Gefäße aufs Neue mit dem roten Wein des Hasses füllen.

Aber außer dem Krieg haben die Regierenden mächtige Mittel zur Verfügung, um jede Gefahr von sich fernzuhalten. Unter anderem die Bestechung und der sittliche Niedergang durch das Spiel, alle Formen der Verlotterung; die Wetten, die Pferderennen, das Trinken, die Cafés, die »Brüllenden«.[9] »Wenn sie singen, werden sie zahlen!« Die Beraubten, die Erniedrigten und diejenigen, die sich irren, haben nicht mehr das Gefühl notwendiger Würde, das sie zur Revolte verleiten könnte; mit dem Bewusstsein ausgestattet, Knechtsseelen zu haben, richten sie sich selbst, wobei sie die Unterdrückung akzeptieren. So kamen die Kriege der Republik und die Explosion der Laster und Schändlichkeiten, die auf die ersten Jahre der Revolution mit ihrem Ideal der Strenge und Tugend folgten, gerade wie gerufen, um das kaiserliche Regime und den schändlichen Verfall der Charaktere vorzubereiten. Dennoch gab es da ein Phänomen des Gleichgewichts, das zum großen Teil einer normalen Reaktion der Gesellschaft entsprang, die in ihrer Ganzheit erfasst wurde. Es ist natürlich, dass die Menschen nacheinander von einem Gegenteil zum anderen schwanken, ebenso wie ihr Leben von Tätigkeit zu Schlaf wechselt und von Ruhe zu Arbeit. Da ein Staat aus einer großen Zahl von Klassen und verschiedenen Gruppen zusammengesetzt ist, die ihre eigene Entwicklung in der allgemeinen Entwicklung durchleben, folgt darüber hinaus, dass die geschichtlichen Bewegungen mit entgegengesetzten Neigungen aneinanderstoßen und sich überschneiden, wobei sie die kompliziertesten Kurven beschreiben, deren Stränge der Historiker nur mit großer Mühe entwirren kann.

So stellten während der Bürgerkriege der Französischen Revolution die Mitglieder der Vendée gewiss gegen die Zentralregierung das Prinzip der autonomen, frei föderierten Commune dar; doch durch einen Widerspruch, der so vollkommen undurchsichtig war, dass er es ihnen verwehrte, sich Klarheit zu verschaffen, waren sie auch Verteidiger der Kirche, die auf das universelle Reich der Seelen abzielt, und des Königtums, das in allen Communiers nur Fronbauern und »Steuerpflichtige« sieht, sogar im Sinn von Fleisch, das auf den Schlachtfeldern zerstückelt wird. Durch eine seltsame Naivität, die einen zugleich lächeln und weinen lässt, proklamierten sich die Schwarzen von Haiti, die gegen die weißen Pflanzer für ihre Freiheit kämpften, mit Begeisterung als Königstreue; die Rebellen der spanischen Kolonien der Neuen Welt applaudierten dem katholischen König von Spanien! Fast immer in dem Strom der Jahrhunderte taten diejenigen, die gegen irgendeine Obrigkeit revoltierten, dies im Namen einer anderen Autorität, als ob das Ideal nur darin bestünde, den Herrn zu wechseln. Seit den großen Bewegungen der freien Meinung und der geistigen Befreiung, die zur Revolution von 1830 führten, jene, die an der Emanzipation der Sprache, an dem freien Studium der Kunst- und Literaturgeschichte zu allen Zeiten und in allen Ländern, außerhalb Griechenlands, Roms und des »Grand Siècle« arbeiteten, all diejenigen, die ihre Ursprünge sogar im Mittelalter suchten und ihre Ahnen bei den Deutschen und Slawen, kurzum die »Romantiker«, waren doch zum großen Teil Königliche und Christen geblieben; während diejenigen, welche die politische Freiheit zurückforderten, dies immer in den klassischen Formen der Stoa taten, im traditionellen, von den Akademien geprägten Stil. Als Blanqui schließlich sein pulverschwarzes Gewehr nach drei siegreichen Junitagen niederlegt, spricht er nur ein Wort: »Reingefallen, die Romantiker!«[10] Die Revolution war in zwei Elemente zerfallen, das der Politik, die auf das Umstürzen der Throne abzielte, und das der Literatur, die an der Befreiung der Sprache und der Ausdehnung ihres Bereichs arbeitete. Auf beiden Seiten waren die Revolutionäre auch jeweils die Reaktionäre. Ganz mit Recht wirft man sich, von Partei zu Partei, das Fehlen der Logik vor, Inkonsequenzen, Absurditäten und Albernheiten.

Der Historiker, der das Hin und Her der Ereignisse betrachtet und aus dem Gesichtspunkt des Fortschritts daraus die Substanz zu ziehen versucht, hat also das schwierigste Problem zu lösen, nämlich, das Kräfteparallelogramm zwischen den unzähligen kämpfenden und überall hin stürzenden Strebungen zu begründen. Leicht täuscht er sich, und er verzweifelt oft, da er einem Einsturz beizuwohnen glaubt, während es wirkliche Fortschritte gegeben hat, oder eher, wenn in dem allgemeinen Reglement der Rechnungen, das Gewinne und Verluste umfasst, das menschliche Haben in hohem Grade gewachsen ist.

Doch wie langwierig und schwierig erscheint das wahre Werk der Revolution für diese, die von dem Ideal ergriffen sind! Denn wenn die äußerlichen Formen, Institutionen und Gesetze dem Druck der inneren Veränderungen gehorchen, die sich vollzogen haben, können sie diese nicht hervorbringen: Immer bedarf es eines neuen Anstoßes von innen. Anfangs scheint es, als ob die Abstimmung über eine Verfassung oder über Gesetze, die durch offizielle Formeln den Sieg des Teils der Nation stiften, der seine Rechte zurückfordert, auf eine definitive Art und Weise den schon verwirklichten Fortschritt sichert. Nun, möglicherweise ist das Ergebnis genau umgekehrt. Diese Charta, diese durch die Revolten akzeptierten Gesetze, bestätigen zwar die erworbene Freiheit, begrenzen sie aber auch, und das ist die Gefahr. Sie bestimmen die genaue Grenze, an der die Sieger halten müssen, und sie wird fatalerweise zum Ausgangspunkt eines Zurückweichens. Denn die Situation ist nie völlig stabil; wenn die Bewegung sich nicht in Richtung des Fortschritts vollzieht, wird sie auf der Seite der Unterdrückung verlaufen. Das Gesetz hat die unmittelbare Wirkung, diejenigen in ihrem momentanen Triumph einzulullen, die es diktiert haben, und den sich ereifernden Individuen die persönliche Energie wegzunehmen, die sie in ihrem siegreichen Werk belebt hatte, und es an andere weiterzureichen, an die Gesetzgeber von Beruf, an die Bewahrer, das heißt an die Feinde sogar jeder fortschreitenden Veränderung. Im Übrigen ist das Volk im Grunde bewahrend, und das Spiel der Revolutionen gefällt ihm nicht lange: Es zieht ihm die Evolution vor, weil es dieser nicht misstraut und es ihr, wenn es sie nicht kennt, seine schlechte Laune nicht anmerken lässt. Zu Gesetzestreuen geworden, sind also die alten Aufständischen zum Teil zufriedengestellt. Sie schließen sich den »Ordnungsfreunden« an, und die Reaktion hat wieder die Oberhand, bis es neuen Gruppen von Revolutionären, nicht durch Formeln verbunden und nicht unterstützt durch Irrtümer oder Regierungsnarreteien, gelingt, eine weitere Lücke in die antiken Bauten zu schlagen.

Sobald eine Institution gegründet wird, selbst nur um himmelschreienden Missbrauch zu bekämpfen, schafft sie durch ihre Existenz neuen Missbrauch: Sie muss sich in einem schlechten Milieu anpassen und, um zu funktionieren, funktioniert sie auf pathologische Weise. Die Schöpfer der Institution gehorchen nur einem edlen Ideal. Die Beamten, die sie benennen, müssen dagegen vor allen Dingen über ihre Nebeneinkünfte und über die Dauer ihrer Verwendung Rechenschaft ablegen. Weit entfernt davon, den Erfolg ihres Werks zu wünschen, haben sie schließlich keinen lebhafteren Wunsch mehr, als nie am Ziel anzukommen. Es handelt sich nicht mehr um Arbeit, es handelt sich nur noch um Pfründe, die sie herbeibringt, Gewinne, die sie überträgt. So wird eine Kommission von Ingenieuren beauftragt, die Klagen der Eigentümer zu prüfen, die durch den Bau des Viadukts des Avre[11] enteignet wurden: Es schien ganz einfach, zuerst diese Klagen zu prüfen und dann in aller Rechtlichkeit darauf zu antworten. Mitnichten, man beginnt, einige Jahre darauf zu verwenden, eine allgemeine Vermessung der ganzen Gegend vorzunehmen, die schon gemacht wurde, und zwar gut. Die Zeit verstreicht, die Kosten häufen sich an und die Klagen verschärfen sich. Wie oft ist es so weit gekommen, dass die für diese oder jene Arbeit genehmigten Kredite notorisch ungenügend sind und einfach nur zur Unterhaltung der Gerüste dienen, doch die Nebeneinkünfte der Ingenieure fließen, als werde nützliche Arbeit ausgeführt. Wie viele Jahre hat die beharrliche Vereinigung für die *schiffbare Loire* gebraucht, um die Genehmigung zu erhalten, auf ihre Kosten einen Kanal im Flussbett zu bauen, durch einen preisgünstigeren Fischgrätverband. Der Staat gestattete nur Arbeiten, die Millionen erforderten und die, wahrscheinlich in zwanzig Jahren, nochmals überarbeitet werden müssten wie andere Werke, die für die kluge Nutzung des Bodens von Frankreich lebensnotwendig sind.

Das Gesetz wird vom Parlament verkündet, das aus dem Volk hervorgeht, in dem die staatliche Souveränität herrscht. Je freier ein Volk ist, desto verehrungswürdiger ist die gesetzgeberische Körperschaft, die es sich erwählt hat, aber notwendiger ist die freie Prüfung aller Dinge, welche die Freiheit umfasst. Doch keine Institution ist mehr der Kritik ausgesetzt als der Parlamentarismus.

Es gab einmal ein unleugbares Fortschrittsinstrument für die Nation, die es hervorbrachte, und man begreift die Bewunderung von Montesquieu, der das Funktionieren des englischen Systems studierte, das so einfach war und, alsdann, so logisch. Später mit der Nationalversammlung von 1789 und der Convention durchlief das Parlament in Frankreich seine heldenhafte Zeit und machte insgesamt einen guten Eindruck in der Geschichte der allmählichen Befreiung des Individuums. Seitdem hat es fast alle Länder der Welt erobert, die Republiken ehemaliger Sklaven von Haiti, Santo Domingo und Liberia einbegriffen; allein Russland (1905), die Türkei, China, die Kolonien der europäischen Ausbeutung und einige andere Staaten bleiben ohne staatliche Repräsentation. Die Institution ist in den verschiedenen Ländern unterschiedlich gestaltet; mal tritt ein Mangel hier viel deutlicher in Erscheinung, während ein anderer anderswo hervorsticht, aber überall zeigt sich eine tiefgreifende Divergenz zwischen der Evolution des Volkes und der seiner gesetzgeberischen Kammern.

Lässt man die Klassen- und Mehrheitssysteme beiseite, betrachtet man nur das ehrlich angewandte allgemeine Wahlrecht, und vernachlässigt man sogar die Tatsache, dass, bis auf seltene Ausnahmen, die weibliche Hälfte der Bevölkerung nicht »repräsentiert« ist, kann man nicht behaupten, dass das durch Abstimmung der Mehrheit der Gewählten genehmigte Gesetz die Meinung der Wähler ausdrückt, die ihrerseits durch die Mehrheit der Abstimmenden gewählt wurden: Tatsächlich ist oft das Gegenteil der Fall. Dieser rein mathematische Fehler könnte zu vernachlässigen sein, wenn es nur zwei Parteien im Staat gäbe, die Verluste und die Gewinne sich in der Gesamtheit die Waage hielten, doch wird es umso schwerwiegender, je mehr das Leben hervorgehoben wird und die Meinungen sich abwechseln. Einzig die Schweiz stellt es der Gesamtheit der Wähler anheim, das gesamte neue Gesetz endgültig anzunehmen oder zurückzuweisen.

Bis auf ganz außergewöhnliche Fälle gehört das Schauspiel, das die Länder in einer Wahlperiode bieten, nicht zu denjenigen, die den Menschen von Prinzipien erfreuen könnten. Ob der Kandidat persönlich seiner Bescheidenheit Gewalt antut oder ob ein Komitee ihn vorzeigt, die ehrgeizigen Strebungen kommen ans Licht, die Machenschaften, die Überbietungen, die Lügen, und nicht der ehrlichste von denen, die sich der Wahl stellen, hat die größte Aussicht auf Erfolg. Da die Gesetzgeber alle möglichen Probleme, auf örtlicher oder globaler Ebene, kennen müssen, finanzielle und pädagogische, technische und moralische, empfiehlt keine besondere

Befähigung den Wählern den Kandidaten. Der Gewählte wird seinen Erfolg einer bestimmten lokalen Popularität verdanken, den Eigenschaften der Biederkeit, der Redegewandtheit, seinem Organisationstalent, aber häufig auch seinem Reichtum, sogar seinen Familienverbindungen, Großindustrieller oder Großgrundbesitzer, dem Schrecken, den er einflößt; am häufigsten wird er ein Mann von Stand sein; man wird ihn weder bitten, an der nationalen Ausrüstung zu arbeiten, noch die Beziehungen zwischen den Menschen zu erleichtern, sondern diese oder jede Partei zu bekämpfen: kurz, die Zusammenstellung der Kammern wird in nichts an die des Staates erinnern; sie wird ihm im Allgemeinen an moralischen Eigenschaften unterlegen sein. Hier herrscht der Karrierepolitiker vor.

Einmal ernannt, ist der Repräsentant in der Tat unabhängig von seinen Wählern; man muss ihm zugutehalten, dass er in den tausend täglichen Möglichkeiten seinem Gewissen gemäß entscheidet, und er stellt sich nicht an den gleichen Blickpunkt wie seine Auftraggeber, es gibt keinen Einspruch gegen das in Umlauf gebrachte Votum. Während der fünf, sieben oder neun Jahre seines Mandats fern jeder Kontrolle erkennt der Gewählte bestimmt, dass er für seine verbrecherischen Handlungen Straflosigkeit erworben hat, und er findet sich unmittelbar Verführungen jeder Art ausgesetzt, denen die herrschenden Klassen ihn unterwerfen. Der Neuankömmling wird in die gesetzgeberische Tradition unter der Leitung der Veteranen des Parlamentarismus eingeführt, er nimmt den Korpsgeist an, wird durch die Großindustrie angestachelt, durch die hohen Funktionäre und vor allem die kosmopolitische Finanz. Wenn trotzdem das Parlament in der Mehrheit weiterhin aus ehrbaren Leuten zusammengesetzt ist, entwickelt sich dort ein besonderer Geisteszustand, der gänzlich aus Konferenzen, Kompromissen, Widerrufen und Transaktionen besteht, die nicht zu den Ohren des großen Publikums gelangen dürfen, aus Kuhhandel, den man mit einem glänzenden Wortgefecht zwischen erfahrenen Tribunen überdeckt. Jeder edle Charakter wird erniedrigt, jede ernsthafte Überzeugung verseucht, jeder aufrichtige Wille vernichtet.

Man darf also nicht erstaunt sein, dass so viele Menschen sich weigern, mit ihrem Votum ein solches Milieu zu nähren und mit der »Eroberung der öffentlichen Mächte« zusammenzuarbeiten. Die Revolutionäre wissen zumindest, dass die Formen der Vergangenheit umso dauerhafter sein werden, wenn die Arbeiter sich für ihre Existenz interessieren und sich mit ihnen abfinden, wenn auch bloß, um sie zu verändern, und doch nur die Einfalt derer beklagen können, die glauben, »die Revolution mit Wahlzetteln zu machen«. Um diese Illusion zu haben, braucht man nicht die wirkliche Schwäche dieses für souverän gehaltenen Parlaments zu betrachten, man muss die Augen vor den auf andere Weise mächtigen Institutionen verschließen, die sich ringsum gebildet haben und mit der Legislative spielen wie die Katze mit der Maus.

Dieser Regierungswirrwarr macht jede offen politische Revolution äußerst schwierig. Die alten

Überbleibsel haben sich allesamt kantonalisiert, in so vielen zweitrangigen Staaten konzentriert, wahre Kraken, die vom Organismus des Generalstaats und seinen Ausgaben leben; die Nation geht aufgrund ihres Gedeihens zugrunde. Eine Revolution kann dem Namen nach keine Wirkung haben, wenn sie nicht auch diese Korporationen angreift, die eine absolute Solidarität von besonderen und kollektiven Interessen vereinen. Sobald eine dieser Professionen sich in offizieller und sakrosankter Kooperation gefestigt hat, neigt sie unausweichlich dazu, sich unfehlbar zu nennen und auch dafür zu halten, und sich absolut die Diskussionen und Entscheidungen vorzubehalten, die vom König deklariert worden sind, da der Brauch und auch das Gesetz gleichsam aus seinem Fach stammen. So forderte die Kirche nicht nur das Monopol auf das Seelenheil zurück, sondern auch auf das der Wissenschaft: Außerhalb der Priester oder der »Geistlichkeit«, das heißt des Wissens, hatte niemand das Recht, über Dinge zu sprechen, die als seinen Bereich übersteigend galten; die Kenntnis der menschlichen Natur erlaubt es, furchtlos zu bekräftigen, dass die Priester in zahlreichen Fällen Prozesse gegen Ketzerei mehr aus Brotneid als durch eine heilige Glaubensinbrunst anstrengten. Die gleiche Unfehlbarkeit herrschte in den anderen Berufen, quer durch alle Etagen der Gesellschaft bis zu verschiedenen Arbeiterkörperschaften, die sich an ihre Berufsprivilegien mit einer patriotischen Strenge hielten, nicht allein wegen des kommerziellen Interesses, das sie hatten, die letzten Lieferanten gewisser Erzeugnisse zu sein, sondern auch kraft des Stolzes, der ihnen der ausschließliche Besitz von Geheimnissen und Praktiken ihres Gewerbes einflößte. Man weiß, dass einst eine bestimmte Form des Teigs dem Bäcker gehörte und eine andere der Besitz des Kuchenbäckers war. Eine weitere Stufe auf diesem Weg, das heißt die religiöse und soziale Einweihung dieser Trennungen zwischen den Berufen, den Arbeiten, den Gewerben, und der Kaste war im Abendland geschaffen genauso wie im alten Ägypten und im jetzigen Indien.

Und doch bewies dieser Korpsgeist, der eine der Wunden der modernen Gesellschaft ist, in seiner Entwicklungsperiode Größe als er, für die Eroberung oder die Verteidigung der Unabhängigkeit oder der Freiheit, das Pflichtgefühl verlangte, die Hingabe, die kollektive Ehre. Die verbrüderten Menschen waren dadurch angehalten, sich vor den Augen der einen wie der anderen und derer, die Zeugen ihres Bündnisses geworden waren, nicht zu verschulden. Das Band, das sie vereint, darf nicht reißen, selbst angesichts des Todes nicht. Wie oft haben sich Krieger, in den Kämpfen »primitiver Zeiten«, durch Ketten verbunden, um so einen einzigen Körper zu bilden, riesenhaftes Einzelwesen, dazu bestimmt, als Ganzes zu besiegen oder zu sterben! Selbst die moderne Militärgeschichte, die sich jedoch nicht um Menschen bekümmern muss, die um eine frei gewählte Ursache kämpfen, ist voll von Berichten, die eine enge Solidarität des Mutes zwischen Gefährten bezeugen, die durch den Zufall, unter einer gleichen Flagge, in einem gleichen Korps vereint waren, da ihre Tradition die Todesverachtung war! »Habt acht!«, dies war in verschiedenen Formen der Befehl des kommandierenden Generals in den äußersten Kämpfen. Eine sorgfältig aufgestellte Statistik für die britische Armee legt dar, dass die Sterblichkeitszahl der Truppen während der Kämpfe, wahres Maß des Mutes angesichts der Kanonen, sich mit dem traditionellen Ruf der Regimenter vergrößert, wobei die *Highlanders* an der Spitze der Liste standen.

Dieser Korpsgeist des Soldaten, der sich aus Stolz aufopfert, bildet den natürlichen Übergang zwischen dem ursprünglichen Gefühl freier Menschen, die sich zur Gänze einer geliebten Sache hingegeben haben, und dem jetzigen Korpsgeist der Gesellschaften und Staatsverwaltungen, deren Mitglieder zur Verteidigung verbündet sind, zur Aufrechterhaltung, zum Zuwachs ihrer Vorrechte. Durch diesen beurteilt man denjenigen von allen Berufen, der proportional gewiss den größten Teil der überlegenen Menschen umfasst, da er die meisten gründlichen Studien erfordert, da er zu mehr aufmerksamen Erfahrungen verpflichtet und am meisten an das menschliche Mitgefühl appelliert, den medizinischen Beruf nämlich. Nun, es genügt, die Statuten der Provinzgesellschaften zu lesen, durch welche die »Leute vom Fach« sich einander verpflichten, um dann festzustellen, dass auch sie sich durch den Korpsgeist haben bestechen lassen und dass die Hingabe an die leidende Öffentlichkeit, die am wenigsten drängende ihrer Sorgen ist. Ebenso der Arzt, der zugleich ein Freund ist, jener kostbare Ratgeber, der in eurem Körper zu lesen versteht, und für den das Leiden und der praktische Scharfsinn des Lebens ebenso in eurer Seele zu lesen sind, genauso wie dieser Arzt Trost und Kraft mit sich bringt, ist er der Jäger der Kranken, der Spekulant in Kuren und Drogen, der Erfinder und scharfsinnige Verbreiter neuer Makel, ein gefährlicher Gevatter. Das Monopol, nicht zu heilen, sondern aufs Geratewohl zu behandeln, wird von ihm durch eine einzigartige Hartnäckigkeit in Anspruch genommen, und wenn es manchmal nötig ist, einen Pfarrer oder einen solchen Entdecker neuer Wege wie einen Mitbruder aufzunehmen, aus welchem Leichenschauhaus weist er die bescheidenen Knocheneinrichter ab, vor allem diejenigen, die die Kranken und Verwundeten gratis pflegen. Nun, was man auch sagen mag, die Zauberer und Medikaster, Söhne der alten Magier und Schamanen, sind nicht alle Scharlatane; die traditionellen Heilmittel, in etlichen Familien aufbewahrt für die Behandlung dieser oder jener Krankheit, sind nicht immer schädliche Drogen, obwohl kein erstklassiger Apotheker sie gestempelt hätte; die Kräuter, die Pflaster der heilenden Greisinnen können dort Heilungen herbeiführen, wo die modernsten medizinischen Lösungen unwirksam bleiben. Terutak, der »Arzt« der Insel Apemama (Gilpert-Archipel), behandelt R. L. Stevenson wegen eines Hustens; welcher patentierte Gelehrte könnte einfacher und gründlicher verfahren: in einer heiligen Umfriedung, einige magnetische Striche, ein tiefer Schlaf, aus dem der Patient geheilt erwacht. »Die Diplome sind eine Garantie«, sagt man uns, aber sind sie nicht eher eine Mystifikation, denn sie bestätigen uns fälschlicherweise das Wissen der Unwissenden, die es gelernt haben, die Sätze des Handbuchs aufzusagen. Die Prüfer selbst sagen, dass die Prüfungen wertlose Formalitäten sind.

Von diesen Staaten im Staat ist offenbar derjenige am erhabensten, der einst der absolute Herr hat sein wollen und immer noch auf das absolute Reich abzielt. Das ist der Klerus. Er ist nur schrittweise in seinem säkularen Kampf zurückgewichen, und schrittweise würde er versuchen, das gesamte verlorene Territorium zurückzuerobern, wenn die Wissenschaft nicht eingreifen würde, denn er liebt gierig die Macht und hat Erfahrung mit ihr. Doch wenn man ihm den rein geistlichen Charakter lässt, in dem man ihn einschließen will, ist er eine andere Kaste, die ihn nur zu ersetzen verlangt. Obwohl direkt aus dem Staat hervorgegangen, bildet die Richterschaft schon eine zweite Geistlichkeit, zugleich durch die Solidarität ihrer Glieder, den Stolz ihrer Haltung, den übernatürlichen Charakter, den sie sich gern verleiht. Diese Kaste stellt nicht Gott auf Erden dar, sondern sie personifiziert das Gesetz, das ebenso eine Göttlichkeit ist und sich als Symbol die Steintafeln zugeschrieben hat, in welche die Worte eingraviert sind, die auf immer währen sollen. Niemand kann diese antike Schrift auslöschen, die durch den Blitz selbst auf dem Berg Sinai eingegraben wurde oder auf jedem anderen Donnerberg; desgleichen müssen die Urteile der Richter als unfehlbar erscheinen. Die Waage, die sie in Händen halten, wiegt, ohne Täuschung, sogar das letzte Staubkorn, und die Schneide ihres Schwertes trennt nur schuldige Köpfe ab. Zumindest glaubte man das einst, und sie selbst behaupten das immer noch. Generationen gehen dahin, ohne dass das Mitleid des Volkes veranlasst, dass sie die widerrechtlichen Urteile berichtigen. Die Majestät der Gerechtigkeit erfordert, dass sie nicht unrecht haben können. Im Übrigen erkennt der Staat sie an, da sie unwiderruflich sind.

Doch welche Urheber hat dieses Gesetz, das sie zu repräsentieren suchen, und das sich das gemeine Volk tatsächlich als eine Institution ewigen Ursprungs vorstellt, die älter als der Mensch ist? Offenbar arbeiten alle Privilegierten, in ihrer Gesamtheit betrachtet, an der Herstellung rechtlicher Beschlüsse zusammen, die ihre Interessen und ihr Eigentum schützen, doch in diesem Werk geht der Großteil der Erfindung, der Anordnung und der Redaktion auf die Richter zurück, welche die einzigen Verwahrer der Zauberbücher sind, in denen diese Dinge geschrieben stehen. Sie bereiten die Gesetzesprojekte vor, welche die Minister vor dem Parlament unterstützen und die, während um die Texte gekämpft wird, diese in ein Fundament mit dem Hintergedanken wiederaufnehmen, ihre tiefe Bedeutung nicht zu verändern, indes sie die Ausdrücke auswechseln. In der Diskussion sind auch diejenigen, die den augenblicklichen Sinn der Sätze fixieren, bereit, sie anders zu interpretieren, wenn die Interessen der Kaste es erfordern. Im Übrigen ist in den meisten parlamentarischen Versammlungen das Verhältnis der Gesetzesleute außerhalb jedes natürlichen Verhältnisses zu den anderen Klassen der Gesellschaft. Durch ihre alten Gesetzbücher, »Assisen«, und vor allem durch die ehrgeizige Advokatenjugend, die gleichermaßen in die Sprache und die Listen der Basoche[12] eingeweiht sind, spielen die Juristen die Hauptrolle in der nationalen Repräsentation.

Ein sonderbares Diagramm, das M. Demolins in sein Werk über *La Supériorité des Anglo-Saxons* (S. 222)[13] aufgenommen hat, zeigt, wie wenig die als »national« bezeichnete Repräsentation Frankreichs der Verfassung der Gesellschaft entspricht und welch »konventionelle Lüge« sie in Wirklichkeit ist. Da die Abgeordneten von ihrer Geburt an nicht der bürgerlichen Klasse angehört haben, sind sie eine winzigste Minderheit, ein, zwei, drei Dutzend höchstens. Die anderen können in fünf Rubriken aufgeteilt sein, wobei vier beinahe den gleichen Wert haben: die Grundbesitzer, unter denen die Abgeordneten des Kleineigentums selten oder inexistent sind; die Advokaten; die anderen Mitglieder der liberalen Berufe (Journalisten, Ärzte und Professoren); dann die pensionierten oder die abgegangenen Beamten (Offiziere der Truppen zu Land und zu Wasser, Richter, Diplomaten); in den Rängen, auf die man die Notare und die Anwälte setzen kann; schließlich eine fünfte Kategorie, weniger zahlreich, die Finanzpächter, Industrielle und Händler umfassen würde.

Dank des Bündnisses von Schönrednern und Begüterten, das immer die Mehrheit bildet, sind unabhängig vom parlamentarischen Schaukelspiel, die Gesetze, deren inkohärente Gesamtheit jene Göttlichkeit darstellt, die das Gesetz heißt, und die immer gesichert sind, um den »guten Grundsätzen« angemessen zu bleiben. Dann, nach der Zeit der Vorbereitung kommt jene der Anwendung, und dann kann der Richter Wunder wirken, indem er im Arsenal der juristischen Präzedenzfälle die Argumente auswählt, die ihm gerade passen, um den Angeklagten weiß zu waschen oder anzuschwärzen, je nachdem er »mächtig« oder »elend« sein wird. Grässlicher Aufschub, um über Gut oder Böse zu entscheiden, im Nu die Menschen zwischen guten Bürgern oder Verdammten zu klassifizieren. Es ist nicht möglich, dass der Richter, bewaffnet mit dieser übernatürlichen Macht, nicht von dem Taumel seiner moralischen Allmacht befallen wird. Wie der Klerus, dem er so sehr ähnelt und den er gern unterstützt, gibt er sich der Illusion seiner vollkommenen Überlegenheit hin und, in seinen Konflikten mit den anderen Staatskörperschaften, entscheidet er mit Gelassenheit zugunsten seiner traditionellen Interessen. Um wie vieles einfacher ist der Richterstand der schon erwähnten Insel Apemama: ein einziger Beamter, Schütze der ersten Kraft: der König Tembinok, zugleich Herr und Eigentümer, Richter und Henker: eine einzige Ankündigung vor der Höchststrafe erfasst den Delinquenten unversehens und zwingt ihn, sein Gewissen zu erforschen, dann der Schuss eines Repetiergewehrs, der die Kugel am Ohr pfeifen lässt und die Erde ringsum bespritzt![14]

Eine andere Kaste, die jüngsten Ursprungs ist, rivalisiert mit Priestern und Richtern um die vorgebliche Unfehlbarkeit. Das ist die Klasse der diplomierten Ingenieure. Wenn sie die Majestät der Dauer gehabt hätte, hätten ihr alle Türen offengestanden, um zur obersten Herrschaft zu gelangen. Bei diesen Personen kann der Korpsgeist nicht fester geschmiedet sein, sie klassifizieren sich jeder von ihnen hierarchisch, zugleich als Soldat, als Verwalter, als Wissenschaftler, jeder sozusagen von einem dreifach umwallten Fort umgeben. Als Soldaten in den Staatsschulen erzogen, berufen sie sich auf die Regeln der Disziplin, um Gehorsam zu erlangen: Als Beamte sprechen sie im Namen der Regierung und des Gesetzes; Als Wissenschaftler lassen sie nur zu, dass ihre persönlichen Einfälle diskutiert werden können: Jedes ihrer Worte muss für die Wahrheit selbst gehalten werden. Daher sind ihre Entscheidungen ohne Innehalten, selbst wenn sie vor sich einstimmige Völkerschaften antreffen, die von traditioneller Erfahrung und einer vollkommenen Kenntnis der Stätten durchdrungen sind. Ohne Zweifel mussten sie mehr als einmal im Geheimen erkennen, dass dieser oder jener ihrer »lieben Kameraden« einen groben Schnitzer begangen hat, doch vor allem ist es wichtig, nicht die Öffentlichkeit ins Vertrauen zu ziehen, die schlechte Arbeit wie ein Meisterwerk auf sich zu nehmen, und vor allem muss man um jeden Preis verhindern, dass ein Mensch von draußen, ein Individuum ohne Schulabschluss, es sich erlaubt, das verfehlte Werk eines Erwählten zu verbessern. Obwohl die streng geschlossenen Berufskörperschaften in den Ländern der europäischen Kultur abgeschafft worden waren, ist das Monopol in allen diplomierten und hierarchisierten Berufen nicht minder aufrechterhalten oder wiederhergestellt worden. Daraus ergibt sich, dass die Arbeiten von kapitaler Bedeutung sich manchmal auf eine Weise darstellen, die dem öffentlichen Wohl absolut entgegengesetzt ist. So werden in Le Havre, trotz all der Lotsen, trotz aller Seeleute, die den Hafen häufig anfahren, die Ingenieure, von Paris ihren Willen vorschreibend, andauernd daran gehindert, den örtlichen Handel mit einer prächtigen Reede auszustatten, die im Übrigen leicht einzudeichen ist, da ihre Fundamente selbst auf drei Kilometern der wirklichen Küste ruhen: Das sind die Trümmer der alten Steilküste, die bei Ebbe eine Oberfläche von mehreren Hunderten Hektaren schützt. Ausreichend erhöht und mit Kais versehen, würden sie Le Havre einen bewundernswerten Vorhafen verschaffen. Das hindert die Ingenieure nicht daran, lieber das Vierfache der Summen auszugeben, die für die Eindeichung notwendig sind, um im Innern des Erdreichs neue Becken zu graben, die im Vergleich zur Reede von zweitrangiger Bedeutung sind.[15]

Doch müssten Priester, Richter, diplomierte Ingenieure und andere Beamte ihren Stolz auf einzigartige Weise mäßigen, wenn der Staat, zu dem sie gehören, sich auf die Kraft stützen würde, diese größere »Vernunft«, die ihn entbindet, recht zu haben. In fast allen Staaten europäischen Typs wird ein beträchtlicher Teil der waffenfähigen Jugend jährlich in der Masse der Nation rekrutiert und methodisch in der Kunst des Tötens erzogen. Alle Maßnahmen werden ergriffen, damit die große Mordmaschine funktioniert, nach Belieben und im genauen Interesse der lenkenden Klassen. Tatsächlich sind die Armeen nicht den Fortschritten der industriellen Organisation gefolgt und stellen in mancher Hinsicht ein Erbe der Zeit Ludwigs XIV. dar, mit schweren und veralteten Formen. Man kann über diese mangelnde Anpassung der Armeen an das moderne Leben urteilen, wenn man zum Beispiel die Heereskräfte von Frankreich und Europa mit denen der Schweiz vergleicht, wo man gezwungen ist, die Truppen in wirklich defensiven Kräften zu organisieren, ohne ihr bürgerliches und ihr industrielles Leben vollständig zu unterbrechen. Um auf der Höhe der Wissenschaft zu bleiben, müsste sich das militärische System fortwährend umwälzen. Jeder Tag macht dagegen den Bruch des Gleichgewichts offenkundig. Mit der schrecklichen Macht moderner Armeen ist parallel der relative Wert individueller Initiative gewachsen; nun, wie diese Initiative ohne Intelligenz entwickeln, und wie die Intelligenz entwickeln und dabei jetzt den passiven Gehorsam aufrechterhalten? Wie verhindern, dass irgendein Soldat in seinem Gewissen die lächerliche Mangelhaftigkeit und Wertlosigkeit der militärischen Organisation feststellt, Nutzlosigkeit der Bemühungen, die man von ihm beansprucht? Wie würde er nicht jeden Tag das Gewicht des Opfers verspüren, das er erbringt, wobei er drei Jahre für die Arbeit der Familie preisgibt? Und da kein Bürger sich dem persönlichen Dienst entziehen könnte, wie da vermeiden, dass sich in der ganzen Nation die Überzeugung ausbreitet, dass das stehende Heer seinen Dienst getan hat?

Doch ist nach all dem das Hauptziel der Armee nicht erreicht: die gehorsamen Bajonette in unbegrenzter Zahl zur Verfügung zu haben, weniger um sie gegen den Feind zu richten als um einem stets zu Kritik, zu Drohungen und gar zur Revolution aufgelegten Volk Respekt einzuflößen? Die Traditionen der Armee erfordern es, dass die Befehlshaber immer schmucke Persönlichkeiten sind und sich wie im Mittelalter durch die Überfülle von Federn und Stickereien, durch das Ungestüm der Farben unterscheiden. In England sind die Generäle fast immer Männer der oberen Klasse, die über viel Geld verfügen, um es für Pferde, Turniere und Feste auszugeben. In Deutschland, Österreich und Russland sind es hauptsächlich Grundherren mit uralten Wappen: in Frankreich nennen sich die meisten »Söhne der Kreuzritter«, und wie viele unter ihnen, um zu bezeugen, dass sie die Reaktion in ihrer Essenz darstellen, rühmen sich, den Familien der Emigranten anzugehören, die Frankreich während der ersten Revolution bekämpften. Sogar in der Schweiz bilden die Offizierskader, dauerhaft aufrechterhalten, eine wahrhafte militärische Aristokratie. Waren die Armeen sich selbst überlassen, ergriffen sie nie gegen erbliche Tyrannen oder Usurpatoren für die Freiheit eines Volkes Partei: Bei jeder Gelegenheit stellten sie ihre Macht in den Dienst irgendeines Despoten. An den passiven Gehorsam gewöhnt, begriffen sie nie eine freie Gesellschaft; selbst Oberhäuptern unterworfen, halfen sie bei der Knechtung der Zivilbevölkerung.

Selbst wenn die Armee nicht direkt als »große Gendarmerie« verwendet wird, um gegen das Volk dienlich zu sein, entweder in politischen Agitationen oder in den ökonomischen Krisen von Arbeit und Streik, wird sie nicht minder zur Feindseligkeit gegen die Menge der unbewaffneten Bürger angelernt. Die hehre Verachtung der Offiziere Napoleons für die Zivilen oder »pékins«[16] ist wohlbekannt, und diese Verachtung findet sich noch, obschon in minderem Grad, in allen Armeen, sogar bei den Soldaten, die gern an die Schönheit des »Helmbuschs« glauben, an den »Zauber der Uniform«, und auch nur, um zu versuchen, so die Erniedrigungen auszugleichen, die sie seitens ihrer höheren Offiziere zu erleiden hatten. Diese Verachtung erzeugt den Hass, und wie oft sieht man nicht die Armee in einen sogenannten Regionalkrieg verwickelt, und dabei jedoch auf eine Weise handeln, die den Interessen und den Wünschen der Nation gegenüber völlig feindselig ist?

So ließ Bazaine 1870 während des Deutsch-Französischen Krieges in Metz die 17 000 Männer einschließen, die ihm vertraut hatten, weil er »eine Armee zur gelegentlichen Verfügung seines Kaisers beibehalten wollte«. Gleichzeitig erregten während der Belagerung von Paris die befehlshabenden Offiziere der Forts den Hass und den Spott ihrer Soldaten gegen die bewaffneten Bürger; die Armee hatte sich durch einen Sieg der Nationalgarde entehrt gefühlt. In Friedenszeiten schließlich lässt der vorherrschende Einfluss der militärischen Kasten den Ruheständlern und Invaliden, zum großen Nachteil des öffentlichen Dienstes, zahlreiche Aufgaben zuteilwerden, auf die die Verwaltung der Armee sie keinesfalls vorbereitet hat. In Algerien, im Sudan schmollt man den Forschern, entmutigt und verfolgt sie gar, obwohl ihr Unrecht einzig darin besteht, keiner Armee oder nicht der Kirche anzugehören.

Hinsichtlich der Verbrechen, die bei verschiedenen Gelegenheiten in den Kolonialarmeen verübt wurden und die Welt mit einer Empfindung allgemeinen Schreckens durchströmten, hat man die Vorstellung geäußert, der Einfluss der tropischen Sonne könne eine besondere Krankheit hervorbringen, die »Sudanie«, die sich insbesondere bei den Offizieren zeigen würde und sie veranlasste, abscheuliche Verbrechen ohne jeden offenbaren Grund zu verüben. Diese Erfindung einer besonderen Krankheit bei höheren Militärs, die den großen Vorteil bietet, sie durch die Kriegsräte begnadigen zu lassen, und teilweise sogar durch die öffentliche Meinung, lässt an den Fund denken, der anstelle des Diebstahls, in den Läden mit Neuheiten gemacht wird, wenn er von vornehmen Damen begangen wird, welche für die Gegenstände, die sie mitnehmen, keinen Bedarf haben: Das ist dann ein einfacher Fall von Kleptomanie, der nicht vor Gerichtshöfe gehört, sondern in die Medizin. Bei den Offizieren jedoch, die in irgendeinem unermesslichen Kolonialgebiet losgelassen wurden, erklärt sich der kriminelle Wahn leicht ohne Anfall von Sudanie: Die absolute Macht, über die Wesen ausgeübt, die kaum als menschliche Wesen angesehen werden und ohne dass man das Urteil eines Gleichen befürchten müsste, die Missbilligung durch ein einzelnes Individuum, dessen Bewusstsein oder Denken man respektiert, diese Macht verwandelt sich rasch zum Imperialismus römischer Art oder zu reiner Ruchlosigkeit.

Für das Böse organisiert, kann die Armee nur für das Böse funktionieren. Im Krieg zerstört sie alles durch Stahl und Feuer, und das Vaterland, das diesen unterstützt, das ihm die Bestandteile und Waffen liefert, verschleudert für ihn all seine gegenwärtigen Ressourcen und belastet die Zukunft mit so vielen Anleihen, dass die Bankiers der Welt dazu ja sagen wollen. Hätte Japan nicht vom Sieg von Mukden[17] profitiert und würde der Krieg mit der Mandschurei nicht immer noch dauern (1905), wenn sein Kredit nicht erschöpft gewesen wäre? Zwar sind die Konflikte zwischen großen Mächten zu seltenen Ereignissen geworden, wobei jede von ihnen mit gutem Grund die grässlichen Anstrengungen befürchtet, die ähnliche Kämpfe verlangen würden, doch die stolzen Staaten halten sich dadurch schadlos, dass sie hier und da ein paar ferne Feinde vernichten, die zu schwach sind, um Widerstand zu leisten, und im Übrigen bleibt das, was man Frieden nennt und was eine andauernde Vorbereitung auf den Krieg ist, immerzu ein Abgrund von Kosten. Die Soldaten, die man zur Übung und zu den Manövern drillt, kosten unendlich viel mehr, als wenn sie weiterhin Hersteller von Brot oder seinen Entsprechungen in Arbeit gewesen wären. Unzählige von ihnen verlernen die Praktiken regelmäßiger Arbeit und können sich beim Verlassen der Armee dort nicht mehr wieder einfügen: schließlich, gleich ob nun Frieden oder Krieg ist, sind diese Unglücklichen, durch sexuelle Isolierung in widernatürliche Beziehungen gebracht, verderben auf fatale Weise die Zivilisten und übertragen ihre Laster und ihre Krankheiten an jene, mit denen sie Kontakt haben. Hat man nicht in Indien gesehen, dass kriegerische Operationen völlig eingestellt wurden, weil die durch ansteckende Krankheiten verwüsteten Regimenter nicht aus ihren Kasernen und Hospitälern herauskamen?

Man könnte befürchten, dass unter der Anstrengung militärischen Zwangs, dessen Grundsatz, Gehorsam ohne Umschweife, jeder Aufmerksamkeit, jeder Initiative des Volkes absolut entgegengesetzt ist, man könnte befürchten, dass das fatale Schicksal der europäischen Nationen die definitive Warnung wäre, welcher der Tod folgt, wenn die Armee streng einheitlich in ihrer inneren Organisation wäre, wie sie es nach den Konferenzen ist, welche die Soldaten über sich ergehen lassen müssen und in denen jeder Verstoß gegen die Weisung, gegen die Befehle der Anführer, wie in einer Art Kehrreim, durch eine Androhung der Todesstrafe punktiert wird. Aber die Armee ist keine Einheit; der untere Teil hängt nicht mit dem oberen durch eine von beiden Teilen gewollte Einheit zusammen; das Ganze bildet keine »große Familie«, wie man gern wiederholt. Im Gegenteil, zwischen Soldaten und »ihren« Männern herrscht das Abneigungsgefühl vor. Es könnte nicht anders sein. In großer Mehrheit gehören die Offiziere den Adels- und Bürgerständen an; sie haben außerhalb des armen Volkes gelebt; sie sind einer besonderen Reihung gefolgt; ohne Ausnahme; sie waren nie Soldaten zweiter Klasse gewesen, und lange Zeit über war das wirksamste Mittel, ganz und gar das Zusammenwohnen in der Stube zu vermeiden, die militärische Laufbahn zu ergreifen; man kann noch sagen: Die abgetretenen Offiziere erreichen im Allgemeinen nicht solch ein Ansehen wie das, welches ihre von den Schulen abgegangenen Mitbrüder genießen. Der Offizier beherrscht das nicht avancierte Militär von solcher Höhe aus, dass jede Herzlichkeit unmöglich wird: Die Bedingungen des Soldatenlebens werden durch Unteroffiziere geregelt, eine hybride Klasse, verachtet von den einen, gehasst von den anderen. Selbst auf den Kriegsschiffen, wo anscheinend der Raum so eingeschränkt ist, dass der Kontakt unausweichlich wird, selbst dort, und vor allem dort, ist die Trennung zwischen denen vollständig, die befehlen, und der Mannschaft, die auf die geringste Geste hin gehorchen muss; nirgendwo ist die brutale Strenge der Kaste dauerhafter spürbar: Man könnte sagen, dass die Anführer das Bedürfnis empfinden, den moralischen Abstand anwachsen zu lassen, um den Mangel an materiellem Abstand auszugleichen.

Dank dieser absoluten Trennungslinie zwischen den Offizieren und den »Männern« hat sich die Gesellschaft dennoch zum Besten zu entwickeln vermocht. Wenn der Krieg mit seinem ganzen besonderen Leben der Schrecknisse und Gemetzel die wirkliche Eroberung der Armee wäre, würde diese ihre ungeheuerliche Einheit außerhalb des sozialen Korpus finden, doch zum Glück sind die großen internationalen Konflikte eine Seltenheit, und die Trennung vollzieht sich zwischen den beiden Elementen des militärischen Organismus: Die Kaste der Offiziere verbindet sich mit den anderen lenkenden Kasten, während ihrerseits die Truppe dennoch der Volksmasse zustrebt, der sie entnommen worden war und wohin sie nach einigen hundert Jahren, die jeder freiheitsdurstige Soldat genau in seinem Gedächtnis abzählt, zurückkehren wird. Der Kontrast ist deutlich genug, um die großen Anführer kein Wagnis eingehen zu lassen, sodass sie diese ungeheuerliche Sache, die Einmischung der Zivilen in ihre Angelegenheiten, mit eigenen Augen ertragen müssen. Die republikanischen Symbole, Fahnen, Gesänge, Formeln versetzen ihnen einen brutalen Schock, doch zwingt das Schicksal sie, sich daran anzupassen. Sie befehligen, aber nur dem Anschein nach: Auch sie müssen sich an eine neue Ordnung der Dinge anschmiegen. Sie halten sich für frei, und die Strömung trägt sie einer unbekannten Zukunft entgegen.

Der Kodex, der die Armee regiert, vom General bis zum einfachen Soldaten, zeigt sich in einer gewissen Einheitlichkeit, doch tatsächlich lassen sich zwei Moralauffassungen, zwei völlig unterschiedliche Systeme, auf die Erwählten des höheren Korps und auf die Menge der Nicht-Chargierten anwenden. Diese stehen unter dem Regiment des Schreckens, und die Züchtigungen, die sie erhalten, werden sogar von herkömmlichen Folterungen begleitet, die ihnen zum Vergnügen unverantwortlicher Henkersknechte auferlegt werden. Was die Offiziere anbetrifft, so wissen sie, dass sie Edelleute sind, und sie regulieren als höfische Kollegen in guter Gesellschaft die Verstöße von ihresgleichen gegen die militärische Pflicht durch Strafen, die gleichwohl dekorativ bleiben und vom anhaltenden Respekt vor dem gezüchtigten Offizier zeugen. Jedoch finden auch schreckliche Dramen statt, im Gefolge von Verbrechen, Verrat, persönlichen Rivalitäten, aber auch danach versuchen die großen Anführer das zu flicken, was sie »die Ehre der Armee« nennen und einfach der Anschein der Unfehlbarkeit ist, den sie in den Augen der unwissenden Menge genießen müssen. So sah man, dass in jener denkwürdigen »Dreyfus-Affäre«, wo die schwerste Strafe im Begriff war, auf einen gewiss unschuldigen Menschen herabzukommen, die meisten Anführer der Armee sich sogleich verbündeten, nicht um die Wahrheit zu suchen oder zu verkünden, sondern im Gegenteil, um sie um jeden Preis zu ersticken, sogar durch Fälschungen und Mord versuchte man, die kollektive Ehre des Korps zu retten, welches die Opferung eines reinen Opfers erheischte, »zu glücklich«, hieß es, »um dem Heil einer heiligen Institution dienen zu können«. Wie dem auch sei, die Seele des Soldaten ist enthüllt worden und die Kritik des Beobachters, immer besser gestützt auf die immer zahlreicheren Fakten, stellt fest, dass der Organismus der Armee, wie der aller anderen Körperschaften, im Staat auf Kosten der Nation eingerichtet, eine wahre Krebsgeschwulst ist, die sich unaufhörlich auf den gesunden Teil des Volkes auszubreiten anschickt und nur durch die Wirkung einer entschiedenen Revolution verschwinden kann: Reformen sind ungenügend in einem solchen Fall. Man reformiert nicht das Böse, man schafft es ab.

Doch die Angst ist eine gute Ratgeberin. Die verschiedenen Kasten wissen, was sie von einer bereits nahen Zukunft zu befürchten haben und verbünden sich klugerweise, um sich so lange wie möglich vor der Gefahr zu schützen. In dieser Hinsicht und wegen des mehr oder weniger dauerhaften Rückflusses, der daraus für die Gesellschaft in ihrer Ganzheit resultiert, muss man sich beglückwünschen, dass die historische Evolution in den sogenannten zivilisierten Gegenden ein innigeres Bündnis zwischen den Regierungen gegen die Völker und, in jedem Staat, eine engere Komplizenschaft zwischen den gegründeten Körperschaften herbeigeführt hat, Klerus, Richterstand, Armee gegen die ausbeutbare Masse der Bevölkerung; die Situationen dabei sind deutlicher geworden, und die Ereignisse haben einen logischen Verlauf genommen. Nach und nach begreifen die Anführer und die lenkenden Klassen das Interesse, das sie an der methodischen Unterdrückung der Menge der Untertanen haben, ohne die jähen Kriegsschläge, und ihre Hauptsorge besteht darin, ihr hauptsächliches Verteidigungsgerät gegen das Volk zu richten, falls es den geringsten Willen zur Unabhängigkeit zeigt. Die Hirten der Völker, diejenigen, die man aus Gewohnheit mit Octave Mirbeau als »schlechte Hirten« bezeichnet, neigen dazu, sich in einem großen Rat zu konstituieren, in Diensten und auf Rechnung der anonymen Gesellschaft der reichen Aktionäre, die sie an der Macht halten.

Desgleichen schlossen sich in den verschiedenen Staaten Organe der Macht, einst völlig unterschieden und auf einem Boden eigener Traditionen lebend, in ihren eifersüchtigen Korpsgeist ein und bekannten sich zu einer ganz eigenen Moral, zur Verherrlichung ihrer eigenen besonderen Kaste: Doch die verschiedenen Hierarchien, die sich gegenseitig beneideten und gern verabscheuten, haben die Notwendigkeit verspürt, sich gegen einen gemeinsamen Feind zu vereinigen, gegen den Freidenker, der sie studiert und sie verachtet, gegen den Mann, den Bossuet als Häretiker bezeichnet.[18] »Derjenige, der eine eigene Meinung hat, der seinem eigenen Denken und seiner besonderen Empfindung folgt«, und vor allem gegen den bewussten Rebellen, der nicht auf sein Recht verzichtet, sich zu verteidigen, und der die Pflicht begriffen hat, für sich und seine Leidensgenossen zu kämpfen: »Gegen den Feind ist die Rückforderung ewig.« Zu jeder Zeit gab es Revolten, aber fast immer waren es unglückliche, durch das Elend verroht, die, ohne etwas dafür zu können, blind auf den Herrn stürzten, aber dieser sieht vor sich die Rückforderer sich erheben, die den Grund für ihr Elend kennen und das Mittel, ihm zu entkommen, die »Häretiker«, die, im Kampf gegen die Routine, ihr Denken, ihre Empfindung, ihr Wissen miteinander verbinden, im Hinblick auf ein gemeinsames Handeln, die den Eitelkeiten der Macht misstrauen und den Nichtigkeiten des Reichtums, und sie sind oft wirklich ihren Herren überlegen, nicht allein durch das stolze Verständnis der Dinge, sondern auch durch die moralischen Eigenschaften.

Daher sind auch alle Klassen von Beamten und Regierenden, die ihren Teil des Staatshaushaltes innehaben, gezwungen, auf ihre stolze Haltung der Überlegenheit zu verzichten, um der Gefahr ins Gesicht zu sehen: Soldaten und Priester, Richter und Parasiten, die von der Ausbeutung der Arbeitenden leben, verbünden sich aus Sicht des allgemeinen Profits, alle unter der Lenkung des Kirchenfürsten, mit salbungsvoller Rede, mit stets zartem Bewusstsein. Immer bereit, das Gute von dem Bösen zu unterscheiden oder sie wissend miteinander zu vermischen.

Ein gleiches Phänomen zeigt sich auf beiden Seiten: die Konzentration der Geistes- und Willenskräfte um die beiden entgegengesetzten Grundsätze; auf der einen Seite die Autorität, die ihre logische Form im Katholizismus hat, der von den Jesuiten gelehrt wird, auf der anderen die Freiheit, die bei jedem die Pflicht anerkennt, nach seinem eigenen Gewissen dem Gesetz zu folgen. Allmählich treten die Elemente aus der Menge der Geknechteten ohne Vorstellung hervor und steuern auf einen der Pole zu; die dazwischenliegenden Meinungen, die die beiden Extreme zu versöhnen suchen, verdunsten in der Hitze der Kontroverse; sie bilden nur vorübergehende Formen heraus. In der Politik blättern die Parteien der »Linken« ab, die Gruppen von »Fortgeschrittenen« entfalten sich allmählich und häufen sich zur »Mitte« hin, jene der Mitte zur »Rechten«, je nachdem wie die beliebten Zurückforderungen ernsthafter werden und deutlicheren Ausdruck finden.

Alle Bewegungen der Emanzipation halten sich zurück, so wie sich die Aufständischen oft nicht beachten und sogar ihre Feindschaft und ihren atavistischen Groll bewahren. Von England über Deutschland bis nach Frankreich und Italien gibt es viele Arbeiter, die sich gegenseitig verabscheuen, was sie nicht daran hindert, durch ihren gemeinsamen Kampf gegen das unterdrückende Kapital einander zu helfen. Desgleichen hat es unter den Frauen, die sich ungestüm in das Heer der egalitären Rückforderung zwischen den Geschlechtern warfen, zunächst einen sehr starken Anteil gegeben, die, in ihrer Eigenschaft als Patrizierinnen oder Gebildete, einen heiligen Schrecken vor dem Arbeiter in abgenutzten und unsauberen Kleidern bewahrten. Zumindest von den ersten Zeiten des »Feminismus« an sah man mutige Frauen heldenhaft auf die Prostituierten zugehen, um sich mit ihnen im Protest gegen die abscheulichen Behandlungen zu solidarisieren, denen man sie aussetzt, und gegen die skandalöse Parteilichkeit des Gesetzes für die Verführer gegen ihre Opfer. Unter der Gefahr von Beleidigungen und abscheulichen Berührungen, wagten sie es, in die Bordelle hinabzusteigen und sich mit ihren Schwestern gegen die beschämende Ungerechtigkeit der Gesellschaft zu verbünden. Daher haben das grobe Gelächter, die gemeinen Beleidigungen, mit denen man ihre ersten Schritte aufgenommen hatte, bei vielen Spöttern einer tiefen Bewunderung Platz gemacht. Dieser Mut hat einen anderen Wert als der des grimmigen Soldaten, der von einer bestialischen Raserei erfasst, Schwerthiebe austeilt oder Schüsse mit dem Gewehr abgibt.

Zweifellos sind alle Rückforderungen der Frau gegen den Mann gerechtfertigt: Rückforderung der Arbeiterin, die für die gleiche Arbeit nicht mit dem gleichen Lohn wie der Arbeiter bezahlt wird; Rückforderung der Ehefrau, bei der man »Verbrechen« bestraft, die bei dem Gatten »kleine Sünden« sind; Rückforderung der Bürgerin, der jede offenkundige politische Tätigkeit untersagt ist, die Gesetzen gehorcht, bei deren Abfassung sie nicht mitgewirkt hat, die Steuern bezahlt, denen sie nicht zugestimmt hat. Ihr Recht der Gegenbeschuldigung ist absolut, und keine von denen, die sich gelegentlich rächen, könnte verurteilt werden, da das erste Unrecht das des Privilegierten ist. Doch gewöhnlich rächt sich die Frau nicht; in ihren Kongressen erlässt sie im Gegenteil einen naiven Aufruf an die Gesetzgeber und an die Regierenden, wobei sie erwartet, dass ihre Beratungen oder Dekrete begrüßt werden. Von Jahr zu Jahr wird sie jedoch gelehrt, dass die Freiheit nicht zu erbetteln ist und dass man sie erobern muss, wird sie gelehrt, dass sich darüber hinaus ihr Fall potenziell mit dem aller Unterdrückten mischt, welchen auch immer; sie werden sich von nun an mit all denjenigen beschäftigen, denen Unrecht getan wird, und nicht allein mit den unglücklichen Frauen, die durch das Elend ihre Körper verkaufen müssen. Miteinander vereinigt, werden alle Stimmen der Erniedrigten und Gekränkten in einem grässlichen Schrei erschallen, den man wird hören müssen.

Da gibt es keinen Irrtum. Diejenigen, die Gerechtigkeit suchen, hätten keine Chance, sie eines

Tages mitzuführen, kein Hoffnungsstrahl, der sie in ihrem Elend trösten könnte, wenn das Bündnis aller feindlichen Klassen sich ohne Fahnenflucht aufrechterhielte, wenn es sich als fest erwiese wie die lebende Mauer eines Infanterie-Karrees. Aber aus ihren Reihen treten unzählige Überläufer, die einen, die ohne Zögern gehen, vergrößern das Lager der Revoltierenden, die anderen zerstreuen sich hier und da, mehr oder weniger nahe der Gruppe der Erneuerer oder derjenigen der Bewahrer, aber in jedem Fall zu weit entfernt von ihrem Ursprungsort, um sie an den Augenblick der Schlacht erinnern zu können. Es ist ganz natürlich, dass die organisierten Korps ihre besten Elemente durch eine andauernde Wanderungsbewegung verlieren. Das Studium der Tatsachen und der Gesetze, deren Verkettung die heutige Wissenschaft aufdeckt, die raschen Umwandlungen des Gesellschaftszustandes, die neuen Bedingungen der Umgebung, das Bedürfnis nach moralischem Gleichgewicht bei den Wesen, die logischerweise die Suche nach der Wahrheit verlockt, all dies schafft den Jungen ein völlig anderes Milieu als dasjenige, das ein traditioneller Organismus mit langsamer und mühsamer Entwicklung gestattet. Zwar haben die Repräsentanten der antiken Monopolen auch ihren Nachwuchs, vor allem unter denen, die es leid sind, für ihre Ideen zu leiden, die schließlich die Freuden und Privilegien dieser Welt endlich betasten, ihrem Hunger nach essen und ihrerseits als Parasiten leben wollen. Doch was auch immer der Wert dieses oder jenes Individuums ist, das Ideal und Ausübung ändert, so ist es gewiss, dass die

Armee des revolutionären Angriffs bei diesem Menschenaustausch gewinnt, denn sie gewinnt die Leidenschaftlichen, die Entschlossenen, die Jungen mit Mut und Willen, während die Besiegten des Lebens zum Lager der alten Parteien steuern. Sie bringen ihre Entmutigung und Verzagtheit mit sich.

Der Staat und die verschiedenen Einzelstaaten, die ihn bilden, haben den großen Nachteil, entsprechend einem derart regelmäßigen, derart schweren Mechanismus zu handeln, dass es ihnen unmöglich ist, ihre Bewegungen zu modifizieren und sich an neue Dinge zu gewöhnen. Nicht nur hilft die Bürokratie nicht bei der ökonomischen Arbeit der Gesellschaft, sondern schadet ihr auch doppelt, zunächst indem sie die individuelle Initiative auf jegliche Weise aufhält und sie sogar am Entstehen hindert, dann, indem sie die Arbeiten, die ihr anvertraut sind, verzögert, anhält und lahmlegt. Die Getriebe der Verwaltungsmaschinerie sind genau umgekehrt zu jenen errichtet, die in einem industriellen Organismus funktionieren. In diesem sinnt man darüber, wie man die Zahl der überflüssigen Artikel verringert und die größere Summe von Ergebnissen mit dem einfachsten Mechanismus hervorbringt; in der Verwaltungshierarchie hingegen bemüht man sich, die Zahl der Vorgesetzten und Untergebenen, der Direktoren, Kontrolleure oder Inspektoren zu vervielfachen: Man macht die Arbeit dadurch unmöglich, dass man sie verkompliziert. Von da an entsteht eine Angelegenheit, die der gewöhnlichen Routine entspringt; die Verwaltung ist verwirrt, wie es ein Volk von Fröschen durch den Fall eines Steins in einen Sumpf wäre. Alles wird Vorwand zum Aufschub oder zur Ermahnung. Einer weicht in seiner Unterschrift ab, weil er auf einen Rivalen eifersüchtig ist, der daraus Nutzen ziehen könnte; der andere, weil er fürchtet, einem Höheren zu missfallen; ein Dritter hält seine Meinung zurück, um sich Bedeutung zu verleihen. Dann kommen die Gleichgültigen und die Faulpelze. Die Zeit, die Zufälle, die Missverständnisse vervollständigen die Entschuldigung für den bösen Willen, und schließlich verschwinden die Aktenstöße unter einer Staubschicht im Büro irgendeines unaufmerksamen oder faulen Chefs. Die unnötigen Formalitäten und, in gewissen Fällen, die materielle Unmöglichkeit, alle erwünschten Unterschriften zu liefern, bringen die Geschäfte ins Stocken, die sich wie die Gepäckstücke auf der Straße der Hauptstädte verirren.

Die dringendsten Arbeiten können nicht durchgeführt werden, weil die Macht der Trägheit der Büros unüberwindbar bleibt. So auf der Île de Ré, die in der Gefahr schwebt, eines Tages durch einen Sturm in zwei Stücke gerissen zu werden. Auf der Seeseite hat sie bereits einen Saum von Erdreich verloren, der an einigen Stellen mehrere Kilometer breit ist, und jetzt bleibt an dem am meisten bedrohten Ort nur ein kleinerer Isthmus von hundert Metern Breite: Der Dünengürtel, welcher das Knochengerüst der Insel bildet, ist dort sehr schwach, und aller Voraussicht nach wird, während einer starken Äquinoktalflut, ein wütender Westwind eines Tages die Wogen über den Sandstiel schieben und sich einen breiten Durchlass durch die Sümpfe und Felder bahnen. Alle sind einverstanden, dass unbedingt ein mächtiger Damm an diese Schwachstelle der Insel gebaut werden müsste; doch hatte man dort einst eine kleine Festung errichtet, nutzloses Werk, jetzt den Fledermäusen überlassen, und hatte jetzt sogar keinen Mann von der Garnison mehr: Gleichwohl, es steht unter der virtuellen Überwachung der Kriegsbaukunst, und folglich sind in seiner Umgebung sämtliche zivilen Arbeiten zwangsweise eingestellt: Dieser Teil der Insel ist zum Untergang verdammt. Unweit von dort sind die Wasser einer Bucht in die Salzsümpfe eingebrochen und haben sie in ein flaches Ästuarium verwandelt. Es wäre leicht, diese »verlorenen Sümpfe« wiederzuerlangen, und die Anrainer hätten das Vorhaben ausgeführt, aber die Invasion des Meeres hat daraus eine Staatsdomäne gemacht, und die Kette von Formalitäten, welche die Wiedererlangung des Erdreichs nach sich zöge, wäre so unbestimmt, dass das Unternehmen unmöglich geworden ist. Die verlorene Erde wird eine solche bleiben, es sei denn, eine Revolution macht jeden wütenden Eingriff eines unwissenden und gleichgültigen Staates rückgängig und gibt den Beteiligten die freie Geschäftsführung ihrer Interessen zurück.

In gewisser Hinsicht wird die Macht bei den kleinen Beamten noch absoluter ausgeübt als bei den Personen in eindrucksvoller Stellung. Diejenigen, die wegen ihrer Bedeutung sogar zu einer gewissen Schicklichkeit genötigt sind, müssen die sogenannte »Weltläufigkeit« respektieren und ihre Unverschämtheiten verbergen, was manchmal ausreicht, um sie zu beruhigen und zu besänftigen. Andererseits fordern die von den Großen begangenen Roheiten, Delikte oder Verbrechen die Aufmerksamkeit aller heraus; die Meinung befasst sich mit ihren Taten und diskutiert sie leidenschaftlich; oft würden sie es sogar riskieren, durch das Eingreifen unentschlossener Körper umgestürzt zu werden und ihre Herren mit in den Fall zu ziehen. Doch der kleine Beamte hat derartige Verantwortlichkeiten nicht zu befürchten, wenn ein mächtiger Patron ihn mit seinem Schild beschützt. Dann bürgt jede höhere Verwaltung, sogar der Minister, sogar der König, für sein tadelloses Verhalten. Der Grobschlächtige kann sich freizügig in seiner ganzen Grobschlächtigkeit entfalten, der Gewalttätige nach Lust und Laune prügeln, der Grausame sich lange mit Foltern vergnügen. Welche Hölle, unter dem Hass eines Exerziermeisters zu leben, unter einem Kerkermeister, unter einem Sträflingsaufseher! Durch das Gesetz, die Verfügungen, die Überlieferung, die Selbstgefälligkeiten der Höheren, findet sich der Tyrann sogleich als Richter, Zeuge, Henker. Obwohl er seinen Zorn stillt, ist er doch stets gehalten, die unfehlbare Majestät der Justiz zu respektieren. Und wenn das böse Geschick daraus den Satrapen irgendeiner fernen Kolonie gemacht hat, wer könnte sich seiner Laune widersetzen? Er schwingt sich auf zum Rang der Könige und Götter.

Der Dünkel der »Sesselfurzer«, die, durch ein Gitterwerk geschützt, es sich erlauben können, gegen jedermann grobschlächtig zu sein, der »Geist« des Richters, der sich auf Kosten des Angeklagten, den er verurteilen wird, übt, die Brutalität des Bevollmächtigten, der alles wegrafft oder die Demonstrierenden »durchbläut«, tausend andere arrogante Arten der Autorität, das hält die Feindseligkeit zwischen Regierenden und Regierten aufrecht. Und es ist zu bemerken, dass diese täglichen Zufallsereignisse sich nicht hinter dem Gesetz verbergen, sondern hinter den Erlassen, den ministeriellen Rundschreiben, den Kommentaren, den Regelungen, den Anordnungen der Präfektur und anderen. Das Gesetz kann hart sein, sogar ungerecht, der Arbeiter begegnet ihm nur selten auf seinem Weg; er kann sogar in hundert Fällen durch das Leben gehen, ohne daran zu zweifeln, dass er ihm unterworfen ist, selbst, wenn er nicht weiß, dass er Steuern zahlt; doch mit jeder Kundgabe seiner Tätigkeit wird er den Beschlüssen gegenübergestellt, welche die Beamten gefasst haben, Beamte, auf andere Weise unverantwortlich als die Mitglieder des Parlaments, mit Beschlüssen ohne Rückanspruch, die in jedem Augenblick das Individuum daran erinnern, dass es unter Vormundschaft des Staates gestellt ist.

Die Zahl von Beamten, großen und kleinen, muss naturgemäß in beträchtlichem Umfang wachsen, in dem Maß wie sich die Haushaltsmittel vermehren und der Fiskus auf neue Wege sinnt, dem »steuerpflichtigen Gemenge« mehr Einkünfte abzugewinnen, aber die Zunahme der Vorgesetzten und Angestellten rührt vor allem von dem her, was man »die Demokratie« nennt, das heißt: das Mitwirken der Menge am Vorrecht der Macht. Jeder Bürger will seinen Fetzen davon erhalten, und die Hauptbeschäftigung der Leute, die bereits ihre offizielle Aufgabe haben, besteht darin, die Bitten derjenigen, die auch ihren Platz beanspruchen, zu klassifizieren, zu studieren und mit Randglossen zu versehen. Wenn ein Forstaufseher der Wälder der Insel Ouessant den Voranschlag nicht gezahlt hat, dann zahlt er ihn vielleicht ja noch, insgesamt umfasst der Forst acht Bäume, fünf im Pfarrgarten und drei auf dem Friedhof!

Der Druck, der durch die Menge der Bewerber auf die Regierung ausgeübt wird, verdankt sich zum großen Teil dem Anliegen, durch den Erwerb ferner Kolonien Ämter zu vergeben. Man kann das, was in manchem Land als die Kolonisation gilt, durch die Tatsache beurteilen, dass sich in Algerien die Zahl der 1896 in den Grenzen des Gebietes wohnenden Franzosen auf etwas mehr als etwa 260 000 belief, zu denen man mehr als 51 000 Beamte jeder Art zählte: dann hat man noch von dieser Summe die 50 000 Militärs abgezogen. Daran erinnert die Inschrift, die man auf einer Karte dem Namen der »Stadt« Ushuaia beigefügt hat, der südlichsten Stadtkolonie Amerikas und der Welt. »Achtundsiebzigtausend Einwohner, alle Beamte!«

Frankreich, als Beispiel für diese »Demokratisierung« des Staates, wird durch etwa 600 000 Teilnehmer an der souveränen Macht verwaltet, aber wenn man den eigentlichen Beamten jene hinzufügt, die sich als solche betrachten und die tatsächlich mit einer gewissen regionalen oder momentanen Macht bekleidet sind, desgleichen die Individuen, die vom Gros der Nation durch unterscheidende Titel oder

Zeichen getrennt sind, wie die Feldhüter, die Stadttrommler, die öffentlichen Ausrufer, ohne die Dekorierten und mit Medaillen Behängten mitzuzählen, stellt man fest, dass die Zahl der Beamten die der Soldaten um vieles übersteigt. Selbst alle zusammen genommen, sind sie die tatkräftigeren Unterstützer der Regierung, die sie bezahlt; während das Militär den entgegengenommenen Befehlen aus Angst gehorcht, fügt der Beamte dem Beweggrund des erzwungenen Gehorsams den der Überzeugung hinzu; indem er sich selbst zum Teil der Regierung macht, konzentriert er darin den Geist in seiner ganzen Denkweise und seinem Streben. Ganz allein für sich repräsentiert er den Staat. Darüber hinaus hat das gewaltige lokale Heer der Beamten die Armee als Reserve, die noch größer ist, samt allen Bewerbern mit Amtsgeschäften und allen Bittstellern und Bettlern, Eltern, Cousins und Freunden. Ebenso wie sich die Reichen auf die unergründliche Masse der Armen und Hungerleider stützen, jenen durch den Hunger nach Liebe und Gelderwerb ähnlich, unterhalten die Mengen, die durch die Angestellten aller Arten unterdrückt, verärgert und übel behandelt werden, indirekt den Staat, da sie sich aus Individuen zusammensetzen, von denen sich jedes darum kümmert, Anstellungen zu ergattern.

Natürlich hat diese unendliche Ausdehnung der Macht, diese Aufteilung in winzige Parzellen, Ehren und minimale Gehälter, sogar bis zu lächerlichen Löhnen, bis zur einfachen Perspektive zukünftiger Einkünfte, zwei Konsequenzen mit widersprüchlicher Wirkung. Einerseits verallgemeinert sich der

Ehrgeiz zu regieren, wird universell, und die normale Neigung des gewöhnlichen Bürgers ist es, an der Lenkung der öffentlichen Sache mitzuwirken. Millionen Menschen fühlen sich solidarisch mit der Unterstützung des Staates, der ihr Eigentum ist, ihre Sache; desgleichen findet sich parallel dazu die wachsende Staatsschuld in tausend kleine Rententitel eingeteilt, findet ebenso viele Verteidiger wie er Gläubiger hat, die von Trimester zu Trimester den Wert ihrer Coupons einstreichen. Dieser Staat, aufgeteilt in unzählige Fragmente und mit seinen Vorrechten dieses oder jenes Individuum überhäufend, das alle kennen und das man keine besondere Gelegenheit hat zu bewundern oder zu fürchten, dem man sogar mit Recht misstrauen kann, diese allzu bekannte, banale Regierung hört allerdings auf, die Menge durch den Eindruck schrecklicher Majestät zu beherrschen, die einst zu den Herren gehörte, die fast immer unsichtbar waren und sich dem Publikum nur zeigten, wenn sie von Richtern, Lakaien und Henkern umgeben waren. Nicht nur der Staat flößt keinen geheimnisvollen und heiligen Schrecken mehr ein; er ruft sogar das Lachen und die Verachtung hervor: Durch die satirischen Zeitungen, vor allem durch die wunderbaren Karikaturen, die eine der bemerkenswertesten zeitgenössischen Kunstformen geworden sind, werden die künftigen Historiker den öffentlichen Geist in der ganzen Periode zu studieren haben, die mit der zweiten Hälfte des 19. Jahrhunderts beginnt. Der Staat geht zugrunde, neutralisiert sich durch sein Aussäen selbst; in dem Augenblick, in dem alle ihn besitzen, hat er aufgehört, als Möglichkeitsform zu existieren; er ist nur noch der Schatten seiner selbst.

So verschwinden die Institutionen in jenem Augenblick, in dem sie triumphal in Erscheinung treten. Der Staat hat sich überall verzweigt, aber überall zeigt sich auch eine entgegengesetzte Kraft, die einst für null gehalten wurde und die sich selbst verneint, die aber unaufhörlich wächst und sich von nun an des Werkes bewusst ist, das sie vollenden wird. Diese Kraft, das ist die Freiheit der menschlichen Person, die, nachdem sie spontan durch manche »primitive« Völkerschar eingeübt wurde, von Philosophen verkündet und nach und nach von zahllosen Aufbegehrenden mit mehr oder weniger Bewusstsein und Wollen zurückgefordert wurde. In unseren Tagen vervielfacht sich die Zahl der Rebellen; ihre Propaganda nimmt einen Charakter an, dessen Form, weniger persönlich denn je, auf ganz andere Weise wissenschaftlich ist; sie treten mit mehr Überzeugung, Mut und Vertrauen auf ihre Kraft in den Kampf ein und finden in den Bedingungen der Umgebung größere Leichtigkeit, um der Beschlagnahmung durch den Staat zu entgehen. Da bereitet sich die große Revolution vor und vollzieht sich sogar teilweise unter unseren Augen. Beim gesellschaftlichen Funktionieren in deutlichen, von Grenzen abgetrennten Nationen, und in die Herrschaft von Individuen und Klassen, die behaupten, anderen Menschen überlegen zu sein, mengt sich ein viel regelmäßigerer und entschiedenerer Modus allgemeiner Entwicklung und ersetzt jenen; es handelt sich bei diesem um die direkte Aktion, durch den freien Willen von Menschen zum Ausdruck gebracht, die sich für ein kühnes Werk verbünden, ohne sich um Grenzen zwischen Klassen und Ländern zu kümmern. Die ganze Verwirklichung, die sich so ohne Eingreifen offizieller Anführer außerhalb des Staates vollzieht, dessen schwerfälliger Mechanismus und dessen veraltete Praktiken nicht für die normale Bewegung des Lebens geeignet sind, ist ein Beispiel, das für umfangreichere Unternehmen verwendet werden kann, und die alten Untertanen, die Verbündete geworden sind, scharen sich in vollständiger Unabhängigkeit, gemäß ihren persönlichen Verwandtschaften, ihren Beziehungen zum Klima, das sie badet, und dem Erdboden, der sie trägt; und sie lernen es, der Gängelbänder zu entraten, die sie so schlecht leiteten und die in den Händen entarteter und verrückter Menschen lagen. Durch die Phänomene der menschlichen Aktivität in Arbeit, Landwirtschaft, Industrie, Handel, Studium, Unterricht und Entdeckungen gelingt es den Geknechteten allmählich, sich zu befreien und den vollständigen Besitz dieser individuellen Initiative zu erlangen, ohne die kein Fortschritt je stattfindet.

Anmerkungen

1 Andere Schreibweisen des Namens: Gumplovicz (1838–1909), Gumplowitsch, poln. Jurist und Historiker.
2 Jean Baptiste Pallegoix (1805–1862), apostolischer Vikar in Thailand. *Description du royaume den Siam*, I, S. 263 f.
3 Paul I. von Russland.
4 William Edward Hartpole Lecky (1838–1903), irischer Historiker. *History of England in the Eighteen Century*.
5 Canene, Gebiet im südlichen Angola. Dort war Père Charles Duparquet (geb. 1830) als Missionar tätig.
6 Regierte 1808 und 1813–1833 als König von Spanien in absolutistischem Stil.
7 Vgl. Markus 3,35 und Matthäus 12,25.
8 Eigentl. Familienname »Thibaut«, erhielt 1921 den Literaturnobelpreis.
9 »Les beuglants« hießen die Sänger in Kaffeehäusern und auch diese selbst (nach »beugler«: schreien, weinen).
10 Louis Auguste Blanqui (1805–1854, franz. Revolutionär, forderte die »Diktatur des Proletariats«, befasste sich aber auch mit »Doppelgänger-Universen«.
11 Vermutlich Nebenfluss der Eure, der für die Trinkwasserversorgung von Paris zuständig war.
12 Ehemaliges Schiedsgericht des Pariser Parlaments. 1303 gegründet.
13 1897 erschienen.
14 R. L. Stevenson, *In the South Seas*, II, S. 100 f.
15 Fernand Maurice, *Le Havre et l'Endiguement de la Rade*.
16 Verächtliche Bezeichnung der Zivilisten durch Militärs (auch »péquin«).
17 Entscheidende Schlacht im Japanisch-Russischen Krieg im Februar 1905.
18 Jacques Bénigne Bossuet (1627–1704), franz. Bischof und Autor.

Fortschritt

In einem absoluten Sinn genommen hat das Wort »Fortschritt« keine Bedeutung, da die Welt unendlich ist und man in der grenzenlosen Unermesslichkeit immer gleich weit vom Anfang und vom Ende entfernt ist. Bevor die Bewegung der Gesellschaft in jene ihrer konstituierenden Bestandteile zerfällt, welche die Individuen sind, steht zur Debatte, welchen Fortschritt an sich man für jedes solcher Wesen bestimmen kann, dessen gesamter Bogen von der Geburt bis zum Tod sich in einigen Jahren rundet? Das ist der Fortschritt eines Funkens, der von einem Kiesel springt und zugleich in der kalten Luft erlischt!

Man muss die Idee des Fortschritts also in einem viel engeren Sinn verstehen. Der allgemeine Wert dieses Wortes, wie es generell verwendet wird, ist derjenige, den uns der Historiker Gibbon gegeben hat, indem er annimmt: »Seit dem Beginn der Welt hat jedes Jahrhundert den wirklichen Reichtum, das Glück, die Wissenschaft und vielleicht die Tugend der menschlichen Gattung vermehrt und vermehrt sie noch.« Diese Definition, die einen gewissen Zweifel hinsichtlich der moralischen Entwicklung enthält, ist durch die heutigen Schriftsteller wiederaufgenommen und unterschiedlich modifiziert, ausgedehnt oder eingeschränkt worden, und es bleibt davon diese beständige Tatsache, dass der Ausdruck von Fortschritt, in der allgemeinen Meinung, wohl die allgemeine Verbesserung der Menschheit in der geschichtlichen Zeit umfassen würde. Doch man sollte sich hüten, anderen irdischen Lebenszyklen eine Entwicklung beizumessen, die notwendigerweise derjenigen analog ist, welche die heutige Menschheit durchlaufen hat. Die sehr plausiblen Hypothesen, die sich auf die geologischen Zeiten unseres Planeten beziehen, verleihen der Theorie einer Ausgewogenheit der Zeitalter eine große Wahrscheinlichkeit, entsprechend dem gewaltigen Ausmaß, welches das Wechselspiel unserer Sommer und Winter hat. Ein Hin und Her, das Tausende oder Millionen von Jahren oder Jahrhunderten umfasst, würde zu einer Folge von deutlich unterschiedenen und kontrastierenden Perioden führen, welche die vitalen Entwicklungen, die sich stark voneinander unterscheiden, bestimmen. Was würde aus der heutigen Menschheit in einer »Zeit des großen Winters« werden, wenn vielleicht eine neue Eiszeit die britischen Inseln und Skandinavien mit einem dauerhaften Eismantel überdecken würde, und unsere Museen und Bibliotheken durch Raureif zerstört wären? Muss man hoffen, dass die beiden Pole nicht simultan erkalten und dass der Mensch überleben wird und sich allmählich an die neuen Bedingungen anpassen und die Schätze unserer jetzigen Kultur in die wärmeren Länder wird schaffen können? Aber wenn das Erkalten allgemein ist, ist es dann zulässig, dass eine spürbare Verminderung der Sonnenwärme, Quelle allen Lebens, und die allmähliche Erschöpfung unserer Energiereserven mit einer unaufhörlichen Entwicklung der Kultur im Sinn des Besseren und mit einem wirklichen Fortschritt zusammenfallen können? Bereits in der jetzigen Zeit können wir feststellen, dass die normalen Folgen der Erdaustrocknung, die der Eiszeit folgt, unbestreitbare Phänomene der Umkehrung in die Gegenden Zentralasiens verursacht haben. Die versiegten Flüsse und Seen, die vorrückenden Reihen von Dünen haben das Verschwinden der Kulturen und der Nationen selbst mit sich geführt. Die Sandwüste hat die Landschaften und Städte ersetzt. Der Mensch hat sich gegen die feindliche Natur nicht zu behaupten vermocht.

Welche Vorstellung man sich auch immer vom Fortschritt macht, so scheint zunächst ein Punkt zweifelsfrei. In verschiedenen Epochen sind Individuen aufgetaucht, die, durch irgendeinen Wesenszug, unter den Menschen aller Zeiten und aller Länder den ersten Rang einnehmen. Es finden sich zuhauf die Namen etlicher Persönlichkeiten, die durch den Scharfblick, die Arbeitskraft, eine tiefe Güte, die moralische Stärke, den Kunstsinn oder jeden anderen Aspekt des Wesens oder des Talents, in ihrem besonderen Bereich vollkommene, unüberbietbare Typen bilden. Die Geschichte Griechenlands vor allem zeigt uns davon große Beispiele, aber andere menschliche Gruppierungen haben solche besessen, die wir oft unter den Mythen und Legenden zu vermuten haben. Wer könnte behaupten, er sei besser als Çakya-Muni[1]? Mehr Künstler als Phidias? Erfindungsreicher als Archimedes? Weiser als Marc Aurel? Der Fortschritt in den jüngsten dreitausend Jahren bestünde, wenn es ihn gäbe, in einer breiteren Streuung jener Initiative, die einst einigen wenigen vorbehalten war, und in einer besseren Verwendung genialer Hirne durch die Gesellschaft.

Manche großen Geister begnügen sich nicht damit, diese wesentlichen Einschränkungen der Vorstellung des Fortschritts zuzulassen, sie leugnen sogar, dass es im allgemeinen Zustand der Menschheit eine wirkliche Verbesserung geben könnte. Der gesamte Eindruck des Fortschritts wäre ihnen zufolge ein reiner Trug und hätte nur einen ganz persönlichen Wert. Bei den meisten Menschen vermischt sich die Tatsache der Veränderung mit der Vorstellung des Fortschritts oder des Rückschritts, je nachdem wie nah oder fern er von der besonderen Stufe ist, die der Beobachter auf der Leiter der Wesen einnimmt. Die Missionare, die auf prächtige »Wilde« treffen, die sich frei in ihrer Nacktheit bewegen, glauben, sie dadurch »fortschreiten« zu lassen, dass sie ihnen Kleider und Blusen, Schuhe und Hüte, Katechismen und Bibeln geben, dass sie diese darin unterweisen, in Englisch oder in Latein zu psalmodieren. Welche Triumphlieder zu Ehren des Fortschritts haben nicht die Einweihungen aller Industriewerke mit ihren Anbauten von Schenken und Hospitälern begleitet! Gewiss, die Industrie wird die wirklichen Fortschritte in ihrem Gefolge mitführen, doch mit welchen Bedenken muss man die Einzelheiten dieser großen Evolution kritisieren! Die elenden Bevölkerungen von Lancashire und Schlesien zeigen uns, dass der ganze Fortschritt in ihrer Geschichte nicht ohne Trübung vonstattenging! Es genügt nicht, die Stellung zu verändern und in eine neue Klasse einzutreten, damit man eine größere Summe Glück erwirbt; es gibt jetzt Millionen von Industriearbeitern, Näherinnen und Mägden, die sich unter Tränen an die mütterliche Strohhütte erinnern, an die Tänze unter freiem Himmel unter dem väterlichen Baum und die Abende beim Herd. Und wie ist der angebliche Fortschritt für die Leute in Kamerun und Togo beschaffen, welche die Ehre haben, von nun an durch die germanische Fahne geschützt zu sein, oder für die algerischen Araber, die den Aperitif nehmen und sich elegant in Pariser Argot ausdrücken?

Das Wort »Zivilisation«, das man gewöhnlich verwendet, um den fortschrittlichen Zustand dieser oder jener Nation anzuzeigen, ist wie der Ausdruck »Fortschritt« eine dieser undeutlichen Formulierungen, deren verschiedene Bedeutungen miteinander verschmelzen. Für die meisten Individuen kennzeichnet er nur die Verfeinerung der Sitten und vor allem die äußerlichen Gewohnheiten der Höflichkeit, was die Männer von strenger Haltung und groben Manieren nicht daran hindert, eine Art Moral zu besitzen, die derjenigen der Höflinge überlegen ist, die sich zu eleganten Madrigalen drehen. Andere sehen in der Zivilisation nur die Gesamtheit aller materiellen Verbesserungen, die sich der Wissenschaft, der modernen Industrie verdanken: Eisenbahnen, Teleskope und Mikroskope, Telegrafen und Telefone, lenkbare und fliegende Maschinen und andere Erfindungen erscheinen ihnen als ausreichende Zeugnisse des kollektiven Fortschritts der Gesellschaft; sie wollen gar nicht mehr darüber wissen und in die Tiefen des gewaltigen Gesellschaftsorganismus eindringen. Doch diejenigen, die ihn von seinen Ursprüngen her studieren, stellen fest, dass jede »zivilisierte« Nation sich aus überlagernden Repräsentanten zusammensetzt, die in diesem Jahrhundert die ganze Reihe von früheren Jahrhunderten mit ihren intellektuellen Kulturen und ihrer entsprechenden Moral darstellen. Die heutige Gesellschaft enthält alle früheren Gesellschaften im Zustand des Fortlebens, und durch die Wirkung des unmittelbaren Kontaktes bieten die Extremsituationen eine packende Abweichung.

Offenbar kann das Wort »Fortschritt« die ärgerlichsten Missverständnisse verursachen, entsprechend der Akzeptanz, die es bei jenen findet, die es äußern. Die Buddhisten und die Deuter ihrer Religion könnten die tausend verschiedenen Definitionen von *Nirwana* aufzählen; desgleichen könnten die Philosophen, wenn sie dem Ideal folgen, das sie ihrem Leben geben, die unterschiedlichsten, ja sogar widersprüchlichsten Evolutionen als »Voranschreiten« betrachten. Für sie ist die Ruhe das höchste Gut, und sie legen Gelübde ab, wenn nicht für den Tod, so doch zumindest für die vollkommene Ruhe des Körpers und des Geistes, für die »Ordnung«, selbst, wenn sie nur Routine wäre. Der Fortschritt, wie diese ermatteten Wesen ihn begreifen, ist gewiss ganz anders für die Menschen, die eine gefährliche Freiheit einer friedlichen Abhängigkeit vorziehen. Die mittlere Meinung jedoch, die sich auf den Fortschritt bezieht, deckt sich wohl mit der von Gibbon und rückt die Verbesserung des körperlichen Seins in den Blickpunkt, die materielle Anreicherung und das Wachstum der Kenntnisse, schließlich die Vervollkommnung des Charakters, der gewiss weniger grausam geworden ist, sogar respektvoller dem Individuum gegenüber, und vielleicht edler, großzügiger, ergebener. So betrachtet, vermischt sich der Fortschritt des Individuums mit demjenigen der Gesellschaft, vereint durch eine Kraft immer inniger werdender Solidarität.

In dieser Ungewissheit ist es wichtig, jede historische Tatsache von ausreichender Höhe und ausreichender Ferne aus zu studieren, um sich nicht in den Einzelheiten zu verlieren und um den notwendigen Abstand zu finden, von dem aus man die wirklichen Beziehungen zwischen der Gesamtheit aller miteinander verbundenen Zivilisationen und aller beteiligten Völker festlegen könnte. So setzt sich unter den Menschen von hoher Intelligenz, die den Fortschritt ganz und gar verneinen, sogar jede Vorstellung einer Evolution in Richtung des Besseren fort. Ranke jedoch, ein Historiker von hoher Geltung, sieht in der Geschichte nur aufeinanderfolgende Perioden, von denen jede ihren besonderen Charakter hat und sich durch verschiedene Tendenzen kundtut, die ein individuelles, unvorhergesehenes, »reizvolles« Leben ergeben, selbst auf verschiedenen Gemälden jeden Zeitalters und jeden

Volkes. Dieser Vorstellung zufolge wäre die Welt eine Pinakothek. Wenn es Fortschritt gäbe, sagt der pietistische Schriftsteller, wären die Menschen einer von Jahrhundert zu Jahrhundert fortschreitenden Verbesserung sicher und stünden nicht »in direkter Abhängigkeit von der Göttlichkeit«, die mit einem gleichen Blick schaut, und als ob alle die Generationen, die in den Reihen der Zeiten aufeinanderfolgen, einen genau gleichen Wert hätten. Diese Meinung von Ranke, obzwar uneins mit denen, die zu hören man seit dem 18. Jahrhundert gewohnt ist, rechtfertigt einmal mehr die Bemerkung von Guyau, der zufolge »die Vorstellung des Fortschritts im Widerspruch zur religiösen Vorstellung steht.«[2] Wenn sie lang im Schlaf gelegen hat, selbst bei den philosophischen Freigeistern der antiken Welt kaum erwacht, wenn sie Leben und volles Bewusstsein ihrer selbst erst mit der Renaissance und ihren modernen Revolutionen angenommen hat, liegt der Grund dafür im absoluten Reich der Götter und der Dogmen, die in den antiken und mittelalterlichen Zeiten währten. In der Tat geht jede Religion diesem Grundsatz voraus, dass das Universum aus den Händen eines Schöpfers kommt, das heißt, es begann mit der höchsten Vollendung. So sagt es die Bibel: Gott betrachtete sein Werk und sah, dass es »gut« war, sogar »sehr gut«. Von diesem ersten, durch das Siegel der Göttlichkeit gezeichneten Zustand kann sich die Bewegung unter dem Tun unvollkommener Menschen nur in der Richtung des Niedergangs und des Falls fortsetzen: Der Rückfall ist fatal. Vom Goldenen Zeitalter stürzen die Geschöpfe schließlich in das Eiserne Zeitalter: Sie verlassen das Paradies, in dem sie glücklich lebten, um in den Wassern der Sintflut zu versinken, aus denen sie nur noch auftauchen, um von da an dahinzuvegetieren.

Sind andererseits die festen Institutionen der Monarchien und der Aristokratien, alle offiziellen und geschlossenen Kulte, begründet und gleichsam vermauert durch die anmaßenden Menschen, muss jede Veränderung ein Fall, eine Rückkehr zur Barbarei sein. Die Ahnen und Väter, »Lobredner einstiger Zeiten«, trugen mit den Göttern und den Königen ihrerseits dazu bei, die Gegenwart im Vergleich mit der Vergangenheit anzuschwärzen und in den Ideen die Fatalität des Rückschritts zu vermuten. Die Kinder haben eine natürliche Neigung, ihre Eltern als höhere Wesen zu betrachten, und diese Eltern hatten wiederum die gleiche Neigung ihren Vätern gegenüber: Das Ergebnis all dieser Empfindungen, die sich in den Geistern wie die Anschwemmungen an den Rändern eines Flusses ablagern, hat zur Folge, aus der unheilbaren Entartung des Menschen ein wirkliches Dogma zu machen. Ist es nicht in unseren Tagen gang und gäbe, in Prosa und Versen über die »Verderbtheit des Jahrhunderts« zu schwatzen? Durch einen allgemeinen Mangel an Logik, fast unbewusst jedoch, sprechen so diejenigen, die sich mit den »unwiderstehlichen Fortschritten der Menschheit« brüsten, gern über ihren »Niedergang«. Zwei gegensätzliche Ströme kreuzen sich in ihrer Sprache so wie in ihren Eindrücken. In der Tat stoßen sich die alten Vorstellungen an den neuen, selbst bei denjenigen, die nachdenken und nicht leichthin reden. Die Abschwächung der Religionen wird durch jähes Aufwachen unterbrochen, doch müssen sie trotzdem unter dem Druck der Theorien weichen, welche die Entstehung der Welten durch eine langsame Entwicklung erklären, ein allmähliches Auftauchen von Dingen aus dem Ur-Chaos. Nun, ist dieses Phänomen nicht per definitionem der Fortschritt selbst? Der Fortschritt, den man implizit annimmt, wie es Aristoteles tat, oder den man in genauen, bedeutsamen Worten erkennt, wie Lukrez es tat.

Die Vorstellung, dass es während der Dauer kurzer Menschengenerationen und in der Gesamtheit der Evolution der Menschen Fortschritt gegeben hat, verdankt größtenteils den Eindruck, den sie auf die Geister macht, der Tatsache, dass die geologischen Nachforschungen uns in der Abfolge der Phänomene wenn nicht einen »göttlichen Plan«, wie es einst hieß, so doch zumindest eine natürliche Entwicklung offenbart haben, die das Leben mehr und mehr in immer komplexeren Organismen verfeinert. So weisen die ersten Lebensformen, deren Trümmer oder Spuren man in den ältesten Erdschichten sieht, rudimentäre Züge auf, einförmig, wenig differenziert, die gleichsam immer gelungenere Entwürfe von Arten bilden, die sich in der Reihe späterer Zeitalter zeigen würden. Die belaubten Pflanzen kommen nach den blattlosen Pflanzen; die Wirbeltiere folgen den Wirbellosen; von Zyklus zu Zyklus entwickeln sich die Gehirne, und der Mensch, Letztgekommener, mit Ausnahme jedoch seiner eigenen Parasiten, ist das einzige aller Lebewesen, das durch das Wort die volle Freiheit erworben hat, sein Denken auszudrücken, und durch das Feuer die Macht, die Natur umzuwandeln.

Indem man das Denken auf ein schmaleres Feld übertrug, dasjenige, in welches sich die geschriebene Geschichte der Nationen begrenzt findet, erschien der allgemeine Fortschritt nicht mit der gleichen Evidenz, und zahlreiche grämliche Geister hatten sich einzureden vermocht, dass die Menschheit nicht fortschreitet, sondern sich nur verlagert: auf der einen Seite gewinnt, auf der anderen verliert, sich durch gewisse Völker erhebt, durch andere abstirbt. In der Epoche selbst, in der die optimistischsten Soziologen sich auf die Französische Revolution im Namen unbegrenzter Fortschritte des Menschen vorbereiteten, sprachen andere Schriftsteller, beeindruckt durch die Berichte von Forschern, die durch das einfache Leben ferner Völkerschaften verlockt waren, davon, zu der Lebensweise jener »Primitiven« zurückzukehren. »Rückkehr zur Natur« lautete der Aufruf von Jean-Jacques Rousseau, und seltsamerweise findet sich dieser Aufruf, obwohl er dem von den »Rechten des Menschen und des Republikaners« entgegengesetzt ist, in der Sprache und den Ideen der Zeit. Die Revolutionäre wollen zugleich zu den Jahrhunderten von Rom und Sparta zurückkehren wie auch zu den glücklichen und reinen Zeitaltern vorhistorischer Stämme.

In unseren Tagen wird eine Bewegung, ähnlich der »Rückkehr zur Natur«, spürbar und dies sogar auf ernsthaftere Weise als zur Zeit von Rousseau, denn die jetzige Gesellschaft ist so ausgedehnt, dass sie fast die gesamte Menschheit umfasst und dazu neigt, auf viel innigere Weise die heterogenen ethnischen Elemente zu assimilieren, von denen die fortschrittlichen Zivilisierten lange Zeit separiert waren. Andererseits waren die anthropologischen Studien, die Untersuchungen, die sich auf die Psychologie unserer »primitiven« Brüder bezogen, viel weiter vorangetrieben worden, und die Reisenden der ersten Ordnung haben in der Debatte das entschiedene Gewicht ihrer Zeugenschaft eingebracht.

Man braucht sich nicht mehr nur auf einfache, naive Berichte zu stützen, wie die eines Jean de Léry, eines Claude d'Abbeville oder eines Yves d'Evreux über die Topinambus[3] und andere brasilianische Wilde, Berichte, die im Übrigen eine ganz andere Wertschätzung verdienen. Man hat auch Besseres als die rasch notierten Beobachtungen eines Cook oder Bougainville: Die Dokumente wurden um sehr gewissenhafte Zeugnisse erweitert, die langjährigen Erfahrungen entstammten; und zu den Völkerschaften, die unzweifelhaft ganz oben unter den Menschen stehen, die dem Ideal der gegenseitigen Hilfe und wechselseitigen Liebe am nächsten kommen, gehört genau ein zu den »Primitiven« gerechneter Volksstamm, die Aeta, dessen Name einer Philippinen-Insel zu ihrem Namen »Negros« verholfen hat.

Trotz allem, was die Weißen ihnen, diesen »negritos« oder »kleinen Schwarzen«, angetan haben, sind sie sanft und wachsam hinsichtlich ihrer Verfolger geblieben, aber vor allem untereinander zeigen sich die Tugenden des Volksstammes. Die Stammesmitglieder fühlen sich alle verbrüdert, sodass sich bei der Geburt eines Kindes die Großfamilie in Gänze zusammenfindet, um über den Namen des guten Auguren zu entscheiden, den das Neugeborene erhalten wird. Die stets monogamen Ehebündnisse beruhen auf dem freien Willen der Eheleute. Man pflegt Kranke, Kinder und Greise mit einer vollkommenen Hingabe; keiner übt Macht aus, doch man verneigt sich gern vor dem Greis, um ihm den Respekt zu zollen, der sich seiner Erfahrung und seinem hohen Alter verdankt. Könnte man auf eine Nation Europas oder Amerikas ähnliche Lobeshymnen anbringen? Doch gibt es die bescheidene Gesellschaft der guten Aeta immer noch? Hat sie, trotz der großen amerikanischen Jagden, ihre Nester aus einem Gewirr von Zweigen und ihre Hütten aus Schilf oder Palmen bewahren können?

Nehmen wir ein anderes Beispiel, diesmal unter den Menschen, die einen weiteren Horizont haben, bei den Völkerschaften, die der weißen Rasse nahekommen und die, durch ihre Lebensart selbst, gezwungen waren, einen großen Teil ihrer Existenz außerhalb der mütterlichen Hütte zu verbringen. Die Unangan, von den Russen als Aleuten benannt, nach der Bezeichnung der Inseln, auf denen sie sich niedergelassen haben, bewohnen ein Gebiet des Regens, der Winde und der Orkane; sich an dieses Milieu anpasssend, bauen sie unterirdische Hütten, die meisten aus einem Geflecht von Ästen, die ein Panzer aus gehärtetem Schlamm bedeckt und die im Sommer von einer großen Eislinse erhellt werden. Die Notwendigkeiten der Ernährung haben auch die

Aleuten zu einem Volk von Fischern gemacht; ihre mit Fell bespannten Boote, in die sie sich wie in eine Trommel drängen, manövrieren sie geschickt. Die furchtbaren Meere, die sie durchmessen, haben aus ihnen unerschrockene und kluge Propheten von Stürmen gemacht. Einige von ihnen, vor allem die Walfänger, werden zu wahren Naturforschern, die eine besondere Gruppe bilden, der man erst nach einer langen Zeit von Prüfungen beitreten kann. Die Aleuten sind, wie ihre Nachbarn des Festlandes, Bildhauer von einer einzigartigen Geschicklichkeit; und man hat in ihren Bestattungshöhlen unter dem Gewölbe der Felsen sehr sonderbare Gegenstände gefunden. Die Komplexität des Lebens der Aleuten zeigt sich des Weiteren in einem Kodex gesellschaftlicher Übereinkünfte, die durch die zwischen Eltern, Verlobten und Fremden bestehenden Bräuche mit großer Strenge geregelt werden. Waren die Aleuten zu diesem relativ hohen Grad von Zivilisation gelangt, verblieben sie dort bis in jüngste Zeit und, dank ihrer Isolation, in einem Zustand des Friedens und vollkommenen gesellschaftlichen Gleichgewichts. Die ersten europäischen Seefahrer, die in Beziehungen mit ihnen traten, rühmen einstimmig ihre Eigenschaften und Tugenden. Der Erzbischof Innokenti, bekannter unter dem Namen Veniaminov[4], der zehn Jahre lang Zeuge ihres Lebens war, schildert sie als die »herzlichsten Menschen«, als Wesen von einer Bescheidenheit und einer unvergleichlichen Zurückhaltung, die sich niemals der geringsten Gewalttätigkeit in Sprache oder Handeln schuldig machen: »In unseren zehn gemeinsamen

Lebensjahren ist nie ein grobes Wort aus ihrem Mund gekommen.« Unsere Völker des Okzidents von Europa könnten sich also in dieser Hinsicht nicht mit dem kleinen Volk der Aleuten vergleichen! Der Geist der Solidarität und ihre Würde des moralischen Lebens wären bei diesen Inselbewohnern so gewesen, dass die griechisch-orthodoxen Missionare sich damit abfinden würden, sich nicht um ihre Bekehrung zu bemühen: »Wozu sollten wir sie unsere Gebete lehren? Sie sind mehr wert als wir.«

Zu diesen Beispielen, die in verschiedenen Stadien der Zivilisation ausgewählt wurden, kann jeder weitere, gleichermaßen bedeutsame hinzufügen, die auf den Reisen von Soziologen oder in den speziellen Arbeiten der Ethnologie gewonnen wurden. Man kann so etliche Fälle feststellen, bei denen die moralische Überlegenheit, ebenso wie eine fröhlichere Einschätzung des Lebens, in Gesellschaften zusammen anzutreffen sind, die als wild oder barbarisch gelten, die aber durch die intellektuelle Auffassung der Dinge unseren sehr unterlegen sind. In der unbestimmten Spirale, welche die Menschheit unaufhörlich durchmisst, wobei sie sich in einer fortgesetzten, der Erdrotation vage vergleichbaren Bewegung um sich selbst dreht, sind bestimmte Teile des großen Körpers oftmals einander viel näher gekommen als andere im idealen Fokus der Umlaufbahn. Das Gesetz dieses Kommens-und-Gehens wird vielleicht eines Tages aufs Genauste bekannt sein; im Moment genügt es, die einfachen Tatsachen festzustellen, ohne daraus voreilige Schlüsse zu ziehen und, vor allem, ohne die Paradoxien entmutigter Soziologen zu akzeptieren, die in den materiellen Fortschritten der Menschheit nur die Anzeichen ihres wirklichen Verfalls sehen.

Sehr große Geister scheinen sich manchmal diesem Eindruck hinzugeben. Kann die denkwürdige Passage im *Malay archipelago*, 1869 von A. R. Wallace[5] veröffentlicht, nicht gar als eine Art Manifest betrachtet werden, eine Herausforderung, die sich an jene richtet, die ohne Einschränkung die Hypothese des unendlichen Fortschritts der Menschheit akzeptiert haben. Und diese Herausforderung erwartet noch ihre Antwort. Es ist also nicht unnütz, sich an die Worte zu erinnern und sie als Kontrolltext in den historischen Studien zu wählen: »Wenn das gesellschaftliche Ideal der Einklang individueller Freiheit mit dem kollektiven Willen ist, der durch die passend ins Gleichgewicht gebrachte Entwicklung unserer geistigen, moralischen und physischen Kräfte verwirklicht ist, ein Zustand, in dem jeder und alle derart zum gesellschaftlichen Leben befähigt sind, und zwar durch die Kenntnis dessen, was gerecht ist und durch die unwiderstehliche Neigung, damit unser Verhalten zu gestalten, sodass die Einschränkungen und Mühen keinen Daseinsgrund mehr haben werden ... ist das nicht überraschend, dass in einem sehr geringen Grad der Zivilisation irgendeine ungefähre Sache mit diesem Zustand der Vollkommenheit trifft? Ich habe lange inmitten von Gemeinschaften Wilder in Südamerika und in Fernost gelebt, die keine anderen Gesetze haben und keinen anderen Gerichtshof als die öffentliche Meinung, die durch die Bevölkerung offen zum

Ausdruck gebracht wird. Jeder Mensch respektiert hier peinlich genau die Rechte seines Nächsten, und eine Übertretung dieser Regel geschieht sehr selten, um nicht zu sagen niemals. Eine fast vollkommene Gleichheit herrscht in den Gemeinschaften; nichts gleicht dort der großen Abgrenzung zwischen Erziehung und Unwissen, zwischen Reichtum und Armut, zwischen Herr und Diener, so wie sie sich in unserer Zivilisation zeigt. Es gibt ganz und gar keine Arbeitsteilung, die, indem sie die Reichtümer wachsen lässt, die Interessen in Konflikt miteinander bringt, noch gibt es die erbitterte Konkurrenz oder den Kampf ums Leben.« […] »Wenn es sich um die Gesamtheit unserer Bevölkerungen handelt, könnten wir keinen Anspruch auf eine wirkliche Überlegenheit über die Wilden erheben.«

Doch es wäre nicht recht, das, was der große Naturforscher und Soziologe über die Eingeborenen Amazoniens und des Malaiischen Archipels gesagt hat, zu verallgemeinern und es auf alle wilden Bevölkerungen der Kontinente und Archipele anzuwenden. Die Insel Borneo, auf der Wallace derart viele Beispiele dieser edlen Moral gefunden hat, die sein Urteil bestätigt haben, ist eben dasselbe umfangreiche Gebiet, das Bock[6] unter dem Namen »Land der Kannibalen« beschrieben hat, und das man auch »Land der Kopfabschneider« nennen könnte, wenn man auf die Dayak anspielt, die, um das Recht zu erlangen, sich »Mann« zu nennen und eine Familie zu gründen, einen oder mehrere Köpfe zu Fall bringen müssen – durch List oder offenen Kampf. Desgleichen entspricht diese wunderbare

Insel Tahiti, das neue Kythera, von dem die Seefahrer des 18. Jahrhunderts mit einer so naiven Begeisterung sprechen, nur sehr partiell den Lobreden, welche die Europäer hielten, die sogleich entzückt von der Schönheit der Landschaften und der Liebenswürdigkeit der Bewohner waren. Solche erhabenen und sanften Personen, solche ehrwürdigen Greise, die durch ihren edlen Ernst die zauberhaften Gemälde des ozeanischen Paradieses zu ergänzen schienen, gehörten vielleicht zur fürchterlichen Kaste des Oro (Arioi), die, nachdem sie einen dem Zölibat ergebenen Klerus begründet hatte, schließlich zu einer Vereinigung von Mördern geworden war, die sich höllischen Riten des Mords an allen ihren Kindern hingaben. Zwar bewegten sich die Tahitianer schon in einer Kulturepoche, die sehr weit vom »primitiven« Stadium entfernt war. Doch anstatt sich im Sinn des Fortschritts zu entwickeln, fanden sie sich damals in einem Rückschritt oder eher: Kreuzten sich die beiden Bewegungen in dem gesellschaftlichen Leben des kleinen Staates, das in seinem engen ozeanischen Universum eingeschlossen war?

Darin liegt die Hauptschwierigkeit. Die unzähligen Bevölkerungen und andere ethnischen Gruppierungen, die von den stolzen »Zivilisierten« unter dem Namen »Wilde« zusammengefasst werden, entsprechen an höchst verschiedenen reizbaren Punkten einander, wobei sie sich auf der Bahn der Zeitalter und im unendlichen Netz der Umgebungen unterschiedlich verteilen. Die eine Bevölkerung ist in fortschreitender Entwicklung, die andere in unbestreitbarem Verfall; die eine ist in ihrer Zeit des Werdens, die andere auf dem Weg des Niedergangs und des Todes. Jedes der Beispiele, das die verschiedenen Autoren in der großen Untersuchung des Fortschritts vorweisen, sollte von der besonderen Geschichte der infrage stehenden menschlichen Gruppe begleitet werden, denn zwei dem Anschein nach fast identische Situationen können indessen eine absolut entgegengesetzte Bedeutung haben, wenn die eine sich auf die Kindheit eines Organismus bezieht und die andere seinem Altern angehört.

Eine erste Tatsache ergibt sich augenscheinlich aus den Studien vergleichender Ethnografie. Der wesentliche Unterschied zwischen der Zivilisation einer »primitiven« Völkerschaft, die noch wenig von ihren Nachbarn beeinflusst ist, und der Zivilisation der gewaltigen modernen politischen Gesellschaften besteht im schlichten Charakter der einen und in der Komplexität der anderen. Die erste, wenig entwickelte, hat zumindest den Vorteil, mit ihrem Ideal im Zusammenhang zu stehen und ihm zu entsprechen; die zweite, gewaltig durch den umfassenden Zyklus, der »primitiven« Kultur unendlich überlegen durch die in Bewegung gesetzten Kräfte, ist komplex und divers, von Erbschaften überlastet, erzwungen unzusammenhängend und widersprüchlich, ohne Einheit und zugleich entgegengesetzte Dingen verfolgend. In den Gesellschaften der Vorgeschichte und der noch als wild geltenden Welt kann sich das Gleichgewicht leicht herstellen, weil sein Idealzustand einfach ist, und folglich haben solche Bevölkerungen, solche »primitiven« Rassen, die durch wissenschaftliche Kenntnisse wenig Entwicklung erfahren haben, da sie nur über rudimentäre Künste verfügen und ein wenig abwechslungsreiches Leben führen, gleichwohl ein Stadium wechselseitiger Gerechtigkeit zu erreichen vermocht, des gerechten Wohlstands und des Glücks, das um vieles die entsprechenden Charaktere unserer modernen, derart unendlichen Gesellschaften übersteigt, mitgezogen durch die Entdeckungen und teilweisen Fortschritte in einem anhaltenden Schwung der Erneuerung, unterschiedlich vermengt mit allen Bestandteilen der Vergangenheit. Wenn wir deshalb unsere derart mächtige Weltgesellschaft mit den kleinen, unmerkbaren Gruppen der »Primitiven« vergleichen, die sich mit Erfolg fernab der »Zivilisatoren« gehalten haben – allzu oft Destruktoren – können wir bewegt werden zu glauben dass diese »Primitiven« uns überlegen waren und dass wir auf dem Weg der Zeitalter zurückgeschritten sind. Daher sind unsere erworbenen Eigenschaften nicht von der gleichen Ordnung wie die alten Eigenschaften; der Vergleich kann infolgedessen nur auf eine gerechte Weise gezogen werden. Das »primitive« Gepäck ist in großem Maßstab gewachsen. Zumindest ist es sehr angenehm, seine Blicke wieder auf einige dutzend oder hundert Individuen zu richten, die sich im Kreis ihres engen Kosmos harmonisch entwickelt und die Möglichkeit gehabt haben, das im Kleinen zu verwirklichen, was wir jetzt in der Gesamtheit unseres menschlichen Kosmos zu vollenden suchen. In jenen Gesellschaften, in denen alle Mitglieder einander kennen, da sie zu der gleichen Familie gehören, war das Ziel, das es zu erreichen galt, sozusagen zur Hand.

So ist es auf andere Weise für unsere moderne Gesellschaft: Sie umfasst eine Welt, aber hat sie noch nicht fest im Griff.

Betrachtet man die Menschheit in ihrer Gesamtheit, kann man, selbst wenn man bis zu den Ursprüngen lebender Wesen zurückgeht, alle geselligen Gruppierungen ins Auge fassen, wie sie sich in kleinen deutlich erkennbaren Kolonien auf normale Weise gebildet haben, von den Seescheiden, die wie Bänder auf dem Meer treiben, bis zu den Bienenschwärmen, die sich in einem gleichen Bienenstock häufen, und bis zu den Völkern, die sich in einen präzisen Kreis von Grenzen einzuschließen suchen. Die ersten Verbindungen sind zunächst mikroskopisch klein, dann dehnen sie sich immer weiter aus und ihre Komplexität nimmt allmählich zu, im Verhältnis mit dem Ideal, das sich erhöht und immer schwieriger zu erringen ist. Das Eigentümliche jeder dieser Miniaturgemeinschaften besteht darin, einen unabhängigen Organismus zu bilden, der sich selbst genügt; doch ist keiner völlig geschlossen, mit Ausnahme derer, die auf Inseln beschränkt sind, auf Halbinseln oder unwegsame Bergarenen. Begegnungen, direkte oder indirekte Verbindungen, bilden sich von einer Menschengruppe zur anderen, und so hat, den inneren Veränderungen und den äußeren Ereignissen zufolge, jeder Schwarm seine besondere, individuelle Entwicklung zu unterbrechen vermocht, in dem er sich freiwillig oder gezwungen, mit einem anderen politischen Körper verband, sich dann mit ihm in eine höheren Organisation integrierte, die eine neue Lebens- und Fortschrittslaufbahn zu durchmessen hat. Das ist eine analoge Umwandlung wie die der Wandlung eines Samenkorns in einen Baum, eines Eies in ein Tier: Ein Zustand homogener Struktur verwandelt sich in einen Zustand heterogener Struktur. Aber die Schicksale sind verschieden. Inmitten dieser kleinen isolierten Gemeinschaften gehen viele durch irgendeinen blutigen Konflikt an Altersschwäche zugrunde, bevor das mehr oder weniger hervorgehobene Ziel, in dessen Richtung ihr normales Funktionieren verlief, hat erkannt werden können. Anderen Mikrokosmen, in ihrer harmonischen Entwicklung durch die Umstände ihrer Umgebung besser geschützt, ist es gelungen, ihr Ideal zu verwirklichen, in Übereinstimmung mit den Regeln ihrer Klugheit zu leben, wie sie ihre Vorfahren verstanden. So hat es eine gewisse Zahl von Volksgruppen, einfach in ihrer gesellschaftlichen Organisation, naiv in ihrem allgemeinen Verständnis des Universums, nicht vermischt mit anderen ethnischen Elementen, dazu gebracht, kleine Zellen zu bilden, die ganz vollendet in ihren Umrissen sind, gut verteilt in ihren Organen, ihrer Solidarität zwischen allen Mitgliedern des Stammes bewusst und durch jedes Individuum eine absolut geachtete persönliche Freiheit genießend, eine unverletzte Gerechtigkeit, ein stilles und friedliches Leben, dem Zustand angenähert, den man »Glück« nennen könnte, wenn dieses Wort einzig die Befriedigung der Instinkte, der Gelüste, der liebevollen Gefühle einschließen sollte.

In der Geschichte der Menschheit haben mehrere gesellschaftliche Typen nacheinander ihre endgültige Blüte erlangt, genauso wie in den Welten viel älteren Ursprungs, in Flora und Fauna, zahlreiche Gattungen und Arten ihr Ideal von Kraft, Rhythmus oder Schönheit vollendeten, ohne dass man sich etwas Höheres vorstellen könnte: Die Rose, Vorgängerin aller nachfolgenden Formen, bleibt dadurch nicht minder vollkommen, unübertrefflich. Und kann man sich unter den Tieren vollkommenere Organismen vorstellen, jedes in seiner Art, als Liliensterne, Skarabäen, Schwalben, Antilopen, als Bienen und Ameisen? Hat der Mensch, in seinen Augen noch unvollkommen, nicht unzählige Lebewesen um sich, die er rückhaltlos bewundern kann, wenn er die Augen und den Geist geöffnet hat? Und selbst auch, wenn er eine Wahl in der Unendlichkeit der Typen trifft, die ihn umgeben, geschieht das in Wirklichkeit nicht durch die Unfähigkeit, alles zu umarmen? Denn jede Form, die in sich alle Gesetze des Universums vereint, die damit wetteifern, sie zu begrenzen, ist eine gleichermaßen wunderbare Folge davon.

Also kann die moderne Gesellschaft nur durch die größere Komplexität der Elemente, die in ihre Bildung eingehen, eine besondere Überlegenheit über die Gesellschaften beanspruchen, die ihr vorangegangen sind; sie hat eine größere Ausdehnung, hat sich in einem Organismus gebildet, der durch die sukzessive Angleichung nebeneinandergestellter Organismen entstanden ist. Aber andererseits neigt diese riesige Gesellschaft zur Vereinfachung: Sie sucht die menschliche Einheit dadurch zu verwirklichen, dass sie stufenweise in allen Ländern und zu allen Zeiten zur Verwahrerin aller Erwerbungen der Arbeit und des Denkens wird. Während die verschiedenen, abseits lebenden Völkerschaften die Mannigfaltigkeit darstellen, neigt die Nation, die auf das Hervorragen abzielt und sogar auf das Aufsaugen der anderen ethnischen Gruppen, dazu, die große Einheit zu bilden; in der Tat sucht sie zu ihren Gunsten alle Antinomien aufzulösen, aus der Wahrheit eine zu machen, die aus vielen kleinen zerstreuten Wahrheiten besteht; doch wie schwierig ist der Weg, der zu diesem Ziel führt, übersät von Hindernissen, und vor allem durchfurcht von tückischen Pfaden, die zunächst parallel zu dem Hauptweg zu verlaufen scheinen und auf die manch einer sich furchtlos einlässt! Die Geschichte hat uns gezeigt, dass jede Nation, wie begütert sie auch war, wie fröhlich von Kraft und Gesundheit in ihrem besten Alter, schließlich, nach einem bestimmten Zeitraum von Dekaden oder Jahrhunderten, ins Stocken geriet, sich in Streifen auflöste, die sich dann durch Ufergebüsche zur Rechten und zur Linken verloren; manchmal versuchte sie sogar, zu den Ursprüngen zurückzukehren: die Verschiedenheiten der Sprachen, der Parteien, der regionalen Interessen trugen den Sieg über das Gefühl der menschlichen Einheit davon, die eine Zeit lang die fortschrittliche Nation gestützt hatte.

In unserer Zeit sind die verschiedenen zivilisierten ethnischen Gruppen bereits derart von dieser Idee der menschlichen Einheit durchdrungen, dass sie sozusagen immunisiert gegen die Entartung und den Tod sind. Zumindest die großen kosmischen

Revolutionen, deren Schatten uns noch nicht vorausgeeilt sind, werden die modernen Nationen von nun an diesen Phänomenen des Zerfalls entrinnen, deren Erscheinungsbild definitiv ist und die bei so vielen antiken Völkern auftraten. Gewiss, diese politischen »Überschreitungen«, analog zu den Meeresüberschreitungen auf die Küsten, werden auf den Grenzen der Staaten stattfinden, und diese Grenzen selbst werden an manchen Orten verschwinden, wobei sie auf den Tag warten, an dem sie überhaupt zu existieren aufhören; verschiedene geografische Namen könnten von den Karten gelöscht werden, aber dies wird nicht verhindern, dass die im Gebiet der modernen Zivilisation umfassten Völker, sehr beträchtlicher Teil versunkener Gebiete, weiterhin an materiellen Fortschritten partizipieren, geistig und moralisch die einen wie die anderen. Sie sind in der Epoche gegenseitiger Hilfe, und selbst wenn sie blutige Zusammenstöße haben, hören sie nicht auf, teilweise am gemeinsamen Werk zu bauen. Seit dem letzten großen europäischen Krieg zwischen Frankreich und Deutschland gingen Hunderttausende von Menschen zugrunde, die Ernten wurden verwüstet und die Reichtümer zerstört; man verfluchte und verwünschte einander, was aber nicht verhinderte, dass sich die Arbeit des Denkens zum Nutzen aller Menschen auf zwei Seiten fortsetzte, die wechselseitigen Gegner miteingeschlossen. Man stritt sich auf patriotische Weise, um zu erfahren, wo das Serum gegen Diphterie wirksam entdeckt und zum ersten Mal erfolgreich angewendet worden war, im Osten oder im Westen der Vogesen, doch in Frankreich wie in Deutschland ließ das Medikament die Macht des solidarischen Menschen über die gleichgültige Natur wachsen. So sind Tausende weitere neue Erfindungen zum gemeinsamen Erbe der beiden Nachbarnationen geworden, rivalisierende Feinde zwar, doch im Grund sehr innige Freunde, da sie mit Hartnäckigkeit an dem gemeinsamen Werk arbeiten, das allen Menschen zum Nutzen sein muss. Und dort an der Küste des Fernen Ostens kann der unerbittliche oder entfesselte Krieg zwischen Japanern und Russen die erstaunlichen Fortschritte nicht aufhalten, die sich auf diesen Gebieten der Welt im Sinn der Verteilung der Kultur und des menschlichen Ideals vollenden. Bereits eine historische Zeit hat sich den Namen »Humanismus« verdient, weil sie alle Menschen vereinigte, die durch das Studium der griechischen und lateinischen Vergangenheit verfeinert wurden im gemeinsamen Genuss hoher Gedanken, die in schönen Sprachen Ausdruck fanden: Wie viel mehr hätte unsere Epoche das Recht auf eine analoge Benennung, da sie in einer solidarischen Gruppe nicht nur eine gelehrte Brüderlichkeit verbündet, sondern auch ganze Nationen, hervorgegangen aus den unterschiedlichsten Völkern und die äußersten Enden der Welt besiedelnd!

Und doch ist in unseren Zeiten »die Humanitätsduselei« wohlfeil: All unsere großen Schriftsteller, alle Staatsmänner wollen auf Kosten dieser armseligen Sentimentalität geistreich sein. Die zweite Hälfte des 19. Jahrhunderts ist ergiebig an Unterweisungen gewesen, die mit Formen verbunden waren, wie sie manchmal der Fortschritt annimmt. Die Revolutionäre von 1848 stießen das Wort »Menschlichkeit« mit einer besonderen Lautstärke aus, doch diese wackeren Leute hatten in ihrem tiefen Nichtwissen keine Vorstellung von den Schwierigkeiten, auf die ihre Propaganda stoßen würde, daher war es nach der Niederlage einfach, sie lächerlich zu machen. Dann kam der Deutsch-Französische Krieg, der dem Ruhm der bismarckschen Politik die Krone aufsetzte und das sentimentale Deutschland zur Blüte brachte. Dieses kopierte im Übrigen mit gleicher Unfähigkeit das Treiben des Eisernen Kanzlers, dessen Schatten immer noch über uns herrscht. Auf die Befreiung Griechenlands und der beiden Siziliens folgend, unter Beifallsbekundungen, die einen Byron, einen Kossuth, einen Garibaldi, einen Herzen grüßten, wurden auf umsichtigste Weise, die armenischen Massaker, die südafrikanischen Gemetzel und die russischen Pogrome ausgeführt. In allen Ländern des Okzidents wütete ein glühender Nationalismus und ganz allgemein, sind die Grenzen seit fünfzig Jahren verstärkt worden. Wir haben gleichermaßen gesehen, wie in Großbritannien die republikanische Idee, die vor 1870 viele Anhänger vereinigte, nach und nach die alltägliche Politik auslöschte, und das ist gleichzeitig in allen zivilisierten Ländern mit den großzügigsten »Utopien« der Fall. Man könnte sich also entmutigen lassen, wenn man diese unbestreitbaren Evolutionen an definitive Rückschritte angleicht, wenn man die Untersuchung der Ursachen aus dem Blick verliert; wenn man das Funktionieren dieser rückwärtsgewandten Rückkehrer begriffen hat, kann man nicht den geringsten Zweifel bewahren, dass aufs Neue der Ruf nach Menschlichkeit ertönt, wenn die »Erniedrigten und Gekränkten«, die nicht aufgehört haben, ihn unter sich auszusprechen, sich an die vollkommene wissenschaftliche Kenntnis angepasst haben; wenn sie eine vollkommenere Meisterschaft in ihrem internationalen Einverständnis erworben haben, wenn sie sich stark genug fühlen, um jede Kriegsdrohung auf immer zu untersagen.

So schwerwiegend, so folgenreich wie die Misshelligkeiten zwischen rivalisierenden Regierungen in ihren Einzelheiten auch sein mögen, können solche Streite, selbst wenn ihnen Kriege folgen, sich nicht ähnlich den Kämpfen von einst fortsetzen, welche die Hethiter, die Elamiten, die Sumerer und Akkadier, die Assyrer, die Perser verschwinden ließen, und vor ihnen so viele Zivilisationen, deren Namen uns unbekannt sind. In Wirklichkeit bilden alle Nationen, jene einbegriffen, die sich Feinde nennen, trotz ihrer Anführer und trotz der Fortdauer von Hass, eine einzige Nation, deren sämtliche regionalen Fortschritte auf die Gesamtheit reagieren und einen allgemeinen Fortschritt bilden. Jene, die der »unbekannte Philosoph«[7] des 18. Jahrhunderts die »Menschen des Wunschs« nannte, das heißt diejenigen, die das Gute wollen und die arbeiten, um es zu verwirklichen, sind bereits zahlreich genug, tätig genug und harmonisch genug zu einer moralischen Nation gruppiert, auf dass ihr Werk des Fortschritts den Sieg davonträgt über die Elemente des Rückschritts und der Auflösung, die den Hass fortleben lassen.

An diese neue Nation, aus freien Individuen zusammengesetzt, unabhängig untereinander, aber umso liebevoller und solidarischer, an diese sich bildende Menschheit muss man sich wenden, um alle Reformen zu propagieren, die man für wünschenswert hält, alle Ideen, die gerecht und erneuernd erscheinen. Das große Heimatland hat sich bis zu den Antipoden ausgeweitet, und deshalb, weil es sich bereits seiner selbst bewusst ist und das Bedürfnis verspürt, sich eine gemeinsame Sprache zu geben: Es genügt nicht, dass die neuen Mitbürger von einem Ende der Welt zum anderen bloß vermuten, sie müssen sich vollständig verstehen. Man kann daraus ganz sicher schließen, dass die erwünschte Sprache das Licht der Welt erblicken wird: Jedes stark erwünschte Ideal wird wirklich.

Dieses spontane Bündnis von Menschen guten Willens über die Grenzen hinweg nimmt den »Gesetzen«, die man fälschlicherweise so genannt hat, ihren leitenden Wert; Gesetze, die man aus der früheren Geschichtsentwicklung hergeleitet hat und die es anderswo verdienen, im Gedächtnis der Menschen klassifiziert zu werden, als solche, die ihre relative Wahrheit gehabt haben. Daher muss man sich an die Theorie erinnern, nach der sich die Zivilisation ihren Weg um die Erde in der Richtung vom Orient zum Okzident, ganz wie die Sonne, gebahnt und ihren Herd alle tausend Jahre auf dem Umkreis des Planeten bestimmt hätte. Historiker, beeindruckt durch die elegante Parabel, die durch den Gang der Zivilisation zwischen dem antiken Babylon und unseren modernen Babylons beschrieben wurde, formulierten jenes Gesetz des Fortschreitens der Kultur. Trotzdem umfassten schon vor der Zeit des hellenistischen Aufblühens die Ägypter in ihrem Geist die Unermesslichkeit ihrer Nil-Welt, wirkliches Universum durch ihre Ausweitung und Isolation; und sie gaben der Ausbreitung des menschlichen Denkens eine andere Richtung: Sie glaubten, dass es ihnen von Süden nach Norden zugekommen war, durch die Fluten des Nils getragen, wie es auch die fruchtbaren Anschwemmungen gewesen waren. Sie irrten wahrscheinlich, und zumindest während einer bekannten historischen Zeit verbreitete sich die Zivilisation in umgekehrter Richtung, von Memphis zum Theben mit den »Hundert Toren«. In anderen Gegenden war es längs der Flüsse und von Berg zu Tal, dass die Bewegung der Kultur nach und nach volkreiche Städte entstehen ließ, Zentren menschlicher Arbeit. So vollzog sich der Weg in Indien von Nord-Westen nach Süd-Osten, an den Ufern des Ganges und des Djamna, und in den gewaltigen Ebenen Chinas richtete sich die »Lebenslinie« deutlich von Osten nach Westen, in den Tälern des Huang-ho und des Jangtsekiang.

Diese Beispiele genügen, um aufzuzeigen, dass das angebliche Gesetz des Fortschritts, dem zufolge die allmähliche Verlagerung des Weltbrennpunktes vornehmlich von Ost nach West verläuft, nur einen zeitlich begrenzten, regionalen Wert hat, und dass andere reihenförmige Bewegungen in verschiedenen Gegenden vorgeherrscht haben, entsprechend der Neigung des Erdbodens und der Anziehungskräfte, welche die Bedingungen der Mitte hervorrufen.

Dennoch ist es gut, sich die klassische These wieder ins Gedächtnis zu rufen, nicht allein wegen der Tatsachen, die deren Entstehung erklären, sondern auch weil sie durch eine ehrgeizige Nation des »Großen Westens« zurückgefordert wird, die lauthals ihre Rechte auf Vorherrschaft beansprucht. Doch ist es für die Mitglieder der großen menschlichen Familie nicht offensichtlich geworden, dass die Mitte der Zivilisation bereits überall ist, kraft Tausender Entdeckungen und Anwendungen, die sich tagtäglich vollziehen, hier oder da, und sich auch auf dem Erdenrund von Stadt zu Stadt ausbreitet? Die imaginären Linien, welche einst die Geschichtsereignisse auf den Umkreis des Globus zeichneten, sind sozusagen in der Überflutung ertrunken, die jetzt alle Gegenden bedeckt: das ist wirklich jene Sintflut des Wissens, von der, aus einem anderen Gesichtspunkt, der Evangelist sprach, Sintflut, die sich gleichmäßig über alle Teile der Welt ausbreiten musste. Das Element Raum hat seine Bedeutung eingebüßt, denn der Mensch kann sich selbst über alle Phänomene des Bodens, des Klimas, der Geschichte, der Gesellschaft, die sich in den verschiedenen Ländern voneinander unterscheiden, unterrichten, und unterrichtet sich tatsächlich darüber. Nun, einander zu verstehen, bedeutet bereits, sich zu verbünden, sich in gewissem Maße zu vermischen. Natürlich gibt es immer noch den Gegensatz zwischen Erde und Erde, Nation und Nation, doch er verdünnt sich und neigt allmählich dazu, in der Wahrnehmung unterrichteter Leute zu verschwinden. Der Herd der Zivilisation, das ist jeder Ort, an dem man denkt, wo man handelt; das ist das Laboratorium Japans, Deutschlands, Amerikas, wo man entdeckt, dass dieses Metall oder jener chemische Körper geeignet ist, die Baustelle, wo diese Schiffsschraube oder jener Flugzeugpropeller gebaut wird, das Observatorium, wo man ein solches unbekanntes Phänomen in der Bewegung der Sterne feststellt.

Die einst berühmte Theorie von Vico über die *corsi* und die *ricorsi*, die Flut und die Rückflut der historischen Entwicklungen[8], wird auch als Hypothese der allmählichen Verlagerung der Kulturzentren nicht mehr diskutiert. Zweifelsohne muss eine geschlossene Gesellschaft, die sich wie ein distinktes Individuum verhält, eine natürliche Neigung haben, sich gemäß der rhythmischen Schwankungen zu entwickeln, gemäß Perioden der Tätigkeit, die auf Stunden der Ruhe folgen, und wenn die Arbeit wieder beginnt, muss die Verwendung gleicher Elemente unter ähnlichen Bedingungen zu einem fast identischen Funktionieren führen. Das Hin und Her von der Demokratie zum Tyrannen-Regime und von den Tyrannen zur Volksregierung hat so vonstattengehen können wie die Pendelbewegungen der Uhr. Doch seitdem die Geschichtswissenschaft sich vergrößert hat und sich die ethnischen Elemente mannigfach vermehrt haben, muss sich die Verwirrung notwendigerweise im rhythmisierten Wechsel der Ereignisse zeigen: Flut und Rückflut nehmen eine derartige Weite ein und vermischen sich auf eine derart verschiedenartige Weise, dass man sie nicht mit Sicherheit wiedererkennen kann; und zum großen Teil, um sie in einer schönen Anordnung wiederzufinden, hat man die flache Figur, in der sich die Waage von Vico bewegt, durch eine unbegrenzte Steigung mit immer höheren Gipfeln ersetzt. In diesem poetischen Bild zeichnete sie Goethe gern: Dennoch entspricht es der Wirklichkeit nur sehr entfernt. Zwar zeigt sich die unendliche Verwicklung der historischen Gegebenheiten denen, die sie von oben studieren, als entfalteten sie sich in großen Massen; im Innern zeigt sich unaufhörlich eine Bewegung von Aktion und Reaktion, und die Resultante der verschiedenen, im Konflikt liegenden Kräfte kann die Menschheit nie in gerader Linie mitreißen. Das ganze wunderbare Anschwellen entbehrt gewiss nicht einem harmonischen Aufrollen, bewundernswerten Schwingungen in den tausend Einzelheiten ihrer Bilder, reichen die geometrischen Formen, trotz ihrer Eleganz, nicht aus, um eine Vorstellung von ihren endlosen Wellenbewegungen zu verschaffen.

Diese Ausdehnung des Untersuchungsfeldes selbst, das mit den Umwälzungen und den Jahrhunderten wächst, bildet eines der Hauptelemente des Fortschritts: Die bewusste Menschheit ist fortwährend gewachsen im Verhältnis sogar mit der geografischen Angleichung ferner Gebiete auf der bereits wissenschaftlich untersuchten Welt. Und während der Forscher den Raum erobert und es so den Menschen guten Willens erlaubt, ihre Bemühungen erdumspannend zu vereinigen, erobert der Historiker, der Vergangenheit zugewandt, die Zeit. Das Menschengeschlecht, das durch alle Längen und Breiten zu Einem wird, versucht gleichermaßen sich unter einer Form zu verwirklichen, die alle Zeitalter umfasst. Diese ist eine Eroberung, die nicht minder wichtig ist als die erste. Alle früheren Zivilisationen, selbst diejenigen der Vorgeschichte, öffnen vor uns ein wenig den Schatz ihrer Geheimnisse und verkörpern sich allmählich, in einem gewissen Sinn, im Leben jetziger Gesellschaften. Durch das Aufeinanderfolgen der Zeiten, die man jetzt zu studieren versuchen kann wie ein synoptisches Bild, das sich gemäß einer Ordnung entfaltet, in der wir die Logik der Ereignisse wiederfinden wollen, hören wir auf, einzig in dem entfliehenden Augenblick zu leben, und wir umfassen in der Vergangenheit die ganze Reihe der durch die Annalisten vergegenwärtigter und durch die Archäologen wiederentdeckter Zeitalter. Auf diese Weise können wir uns von der strengen Linie der Entwicklung lösen, die durch die Atmosphäre unseres Aufenthaltsortes angezeigt wird und durch den besonderen Niedergang unserer Rasse. Vor uns zeichnet sich das unendliche Netz der Wege ab, parallel, sich verzweigend, sich kreuzend, denen die anderen Teile der Menschheit gefolgt sind. Und überall in diesen Zeiten, die sich zu einem unendlichen Horizont abrollen, zeigen sich Beispiele, die unseren Nachahmungsgeist anregen; überall sehen wir Brüder auftauchen, denen gegenüber wir einen Geist der Solidarität aufkommen spüren. In dem Maße, wie sich die Perspektive der Jahrhunderte durch die Vergangenheit verlängert, vergrößert sich die Zahl von Modellen, die sich um uns drängen und verstanden werden wollen; und unter ihnen sind viele, die in uns den Ehrgeiz entwickeln, ihnen durch diesen oder jenen Teil ihres Ideals zu ähneln. Indem die Menschheit sich verlagerte, sich veränderte, gemäß der unterschiedlichsten Formen der Völker, hatte sie einen bedeutenden Teil der schon zuvor gemachten Errungenschaften verloren, und jetzt können wir uns fragen, ob es nicht möglich ist, das ganze Gepäck wiederzuerlangen, das wir auf den Etappen unserer langen Odyssee durch die Jahrhunderte aufgegeben haben.

Von nun an Meister von Raum und Zeit, sehen die Menschen also ein unbestimmtes Feld von Erwerbungen und Fortschritten vor sich aufgehen, aber dennoch behindert durch die unlogischen und widersprüchlichen Bedingungen ihres Milieus, sind sie außerstande, mit Wissen zum harmonischen Werk der Verbesserung für alle fortzuschreiten. Das ist begreiflich: Bei jeder Initiative, die von Individuen und wenig beträchtlichen Minderheiten ausgeht, rennen diese vereinzelten oder schwachen Gruppen in arger Bedrängnis, wagen sich direkt an das Übel vor ihnen heran und, wenn die Bemühungen erfolgreich sind, so an fast allen Punkten zugleich aufzutreten, fehlt ihnen dadurch sogar jede Strategie. Doch begibt man sich gedanklich außerhalb des Chaos der kämpfenden Interessen, kann man sogleich mit Leichtigkeit sehen, dass die wahre, die große Eroberung, diejenige ist, aus der sich alle anderen logisch ableiten lassen, nämlich die Eroberung des Brotes für alle Menschen, für alle diejenigen, die sich »Brüder« nennen, auch wenn es derart wenig ist. Wenn alle etwas zu essen haben, werden sich alle als gleich empfinden. Nun, das ist genau das Ideal, das manche kleine Völkerschaft, fernab von unseren großen Straßen der Zivilisation, sich schon zu verwirklichen vermocht hatte, und das ist das Ideal der Solidarität, das wir baldigst einzulösen haben, wenn alle Hoffnungen auf Fortschritt nicht grausamster Spott sind. Schon Montaigne berichtet, was in dieser Hinsicht die Eingeborenen Brasiliens dachten, die 1557 nach Rouen geführt wurden, und zwar »über die Zeit als der selige König Charles der neunte dort war …«. Eine der seltsamen Tatsachen, die sie am meisten verblüfften, war, »dass es unter uns Menschen gab, bis zum Hals voll mit allen Arten behaglicher Sachen, und dass die Hälfte ihrer Landsleute Bettler an ihren Toren waren, durch Hunger und Armut abgemagert; und sie fanden es seltsam, dass diese Landsleute zur Hälfte eine solche Ungerechtigkeit erleiden konnten, dass sie die anderen nicht an der Gurgel packten oder Feuer an ihre Häuser legten.« Montaigne seinerseits klagt sehr über diese Wilden aus Brasilien, dass sie sich »zum Wunsch nach Neuheit haben verlocken lassen und die Süße ihres Himmels verlassen haben, um unseren zu sehen!« – »Aus diesem Handel erwuchs ihr Untergang.«[9] Und in der Tat haben diese Tupinambá des amerikanischen Küstenlandes keine Nachkommen hinterlassen: Alle Stämme sind ausgelöscht worden, und wenn noch ein wenig Blut der Eingeborenen blieb, dann war dies vermischt mit dem der verachteten Proletarier.

Die Eroberung des Brotes muss, wie der wahre Fortschritt es fordert, wirklich eine Eroberung sein.[10] Es handelt sich nicht einfach darum zu essen, sondern das Brot zu essen, das sich seinem Menschenrecht verdankt und nicht der Nächstenliebe eines großen Herrn oder eines reichen Klosters. Auf Hunderttausende, vielleicht Millionen lassen sich die Unglücklichen beziffern, die letztlich am Tor der Kasernen, der Kirchen betteln: Dank der milden Gaben von Brot und Suppe, die durch mitleidige Leute verteilt werden, vegetieren sie dahin; doch es ist unwahrscheinlich, dass der durch alle diese Nöte verschaffte Zuschuss die geringste Bedeutung in der Geschichte der Zivilisation gehabt hätte: Die Tatsache sogar, ernährt zu werden, ohne dass sie ihr Recht darauf bekräftigten und vielleicht auch ohne Verpflichtung, ihre Dankbarkeit zu bezeigen, beweist, dass sie sich für einfachen gesellschaftlichen Abfall hielten. Die freien Menschen sehen einander ins Gesicht, und die erste Bedingung dieser freien Gleichheit besteht darin, dass die Individuen völlig unabhängig sind, jeder gegenüber jedem, und ihr Brot durch die Gegenseitigkeit der Dienste erlangen. Es ist vorgekommen, dass ganze Völkerschaften durch die Unentgeltlichkeit der materiellen Welt zur moralischen Vernichtung gebracht worden waren. Haben nicht die römischen Bürger, seit sie zur Genüge und ohne Arbeit Nahrung und Vergnügungen hatten, die durch die Herren des Staates gesichert wurden, aufgehört, das Reich zu verteidigen? Unzählige Klassen, unter ihnen die der »guten Armen«, sind, vom Gesichtspunkt des Fortschritts aus, durch das System der Almosen völlig nutzlos gemacht worden, und manche Städte sind in einen unheilbaren Verfall geraten, weil eine Menge von Taugenichtsen, die nicht für sich zu arbeiten brauchte, sich gleichermaßen weigert, für andere zu arbeiten. Dies ist der wahre Grund, weshalb so viele Städte und sogar Staaten »tot« sind. Die Nächstenliebe bringt die Verwünschung derer mit sich, die sie ernährt. Urteile man darüber durch die aristokratischen Feste oder kleinen Erben gewaltiger Vermögen, die mit luxuriösen Kleidern behangen sind, die sich in noblen Gesten üben, in anmutigem Lächeln, und unter den liebkosenden Augen ihrer Mütter und ihrer Gouvernanten verteilen sie edelmütig Weihnachtsgeschenke an die Armen der Straße, gehörig gewaschen und sonntäglich gekleidet für das Ereignis. Gibt es ein traurigeres Ereignis als das dieser jungen Unglücklichen, verblüfft durch den Glanz des Goldes in seiner ganzen Freigebigkeit?

Dahinter steht also diese hässliche christliche Nächstenliebe! Den Eroberern des Brotes, das heißt den Menschen der Arbeit, verbündet, frei, gleich, von der Gönnerschaft befreit, ist die Ursache des Fortschritts anvertraut. Ihnen wird es zukommen, schließlich die wissenschaftliche Methode in der Anwendung auf gesellschaftliche Interessen aller besonderen Entdeckungen einzuführen und die Aussage von Condorcet[11] zu verwirklichen, dass »die Natur unseren Hoffnungen keine Grenzen gesetzt hat«. Denn wie es ein anderer Gesellschaftshistoriker gesagt hat: »Je mehr man von der menschlichen Natur verlangt, umso mehr gibt sie; ihre Fähigkeiten steigern sich beim Werk, und man nimmt nicht mehr die Grenzen ihrer Macht wahr.« Von da an ist der Mensch fest gesichert durch die Grundsätze, nach denen er seine Handlungen lenkt, fällt ihm das Leben leicht; indem er vollständig seine Pflicht kennt, erkennt er dadurch sogar die seines Nächsten, und auf Anhieb beseitigt er die durch den Gesetzgeber, den Polizisten und den Henker usurpierten Aufgaben; dank seiner eigenen Moral hebt er das Recht auf (Émile Acollas).[12] Der bewusste Fortschritt ist kein normales Funktionieren der Gesellschaft, kein Akt des Wachstums, dem der Pflanze oder des Tiers ähnlich; er bricht nicht auf wie eine Blüte, sondern versteht sich als eine kollektive Handlung des gesellschaftlichen Willens, der das Bewusstsein der solidarischen Interessen der Menschheit erreicht und sie nach Maß und mit Methode befriedigt, und sich dabei umso mehr festigt als dieser Wille sich mit neuen Erwerbungen umgibt. Sind gewisse Ideen einmal durch alle zugelassen, braucht man nicht mehr darüber zu reden.

In seinem Wesen besteht der menschliche Fortschritt darin, die Gesamtheit der Interessen und Willensstrebungen zu finden, die allen Völkern gemein sind; er vermischt sich mit der Solidarität. Zuallererst muss er auf die Ökonomie zielen, die sich stark von derjenigen der ursprünglichen Natur unterscheidet, welche die Lebenssamen in solch erstaunlicher Überfülle hervorbringt. Heute findet sich die Gesellschaft noch weit entfernt davon, diese gute Verwendung der Kräfte erreicht zu haben, vor allem der menschlichen Kräfte. Zwar ist der gewaltsame Tod nicht mehr die Regel wie einst; dennoch tritt die allergrößte Mehrheit der Hinschiede vor dem normalen Termin ein. Die Krankheiten, Unfälle, Havarien und Belastungen jeder Art, die oft durch falsche oder flüchtige ärztliche Behandlungen verkompliziert und vor allem durch das Elend verschlimmert werden, durch den Mangel an unerlässlicher Pflege, durch die Abwesenheit von Hoffnung und Fröhlichkeit, sie bestimmen die Altersschwäche weit vor dem normalen Greisenalter. Ein hervorragender Physiologe hat sogar ein schönes Buch geschrieben, dessen Hauptthese genau darin besteht, dass die Greise fast alle vorzeitig sterben, ganz erfüllt vom Schrecken vor dem Tod, der sich jedoch wie der Schlummer zeigen sollte, wenn er in dem Augenblick kam, in dem der Mensch, glücklich, eine schöne Lebensbahn von Tätigkeit und Liebe erbracht zu haben, das Bedürfnis nach Ruhe verspürte.

Dieser Mangel von Ökonomie in der Verwendung der Kräfte tut sich vor allem in den großen Veränderungen, den gewalttätigen Revolutionen oder den Anwendungen neuer Vorgehensweisen kund. Man wirft die alten Apparate als unbrauchbar auf den Abfall, die Menschen, der alten Arbeit gefügig gemacht. Doch das Ideal ist es, alles zu verwenden zu wissen, den Abfall zu gebrauchen, die Rückstände, die Schlacken, denn alles ist nützlich in den Händen dessen, der zu verarbeiten weiß. Die Haupttatsache ist, dass jede Veränderung, wie unbedeutend sie auch ist, sich durch Hinzufügung zum Fortschritt der korrespondierenden Rückschritte vollendet. Ein neuer Organismus richtet sich auf Kosten des alten ein. Selbst wenn die Wechselfälle des Konflikts noch nicht den Zerstörungen und den eigentlichen Trümmern gefolgt sind, sind sie dennoch eine Ursache für örtlichen Zerfall. Das Aufblühen der einen führt uns zum Verfall der anderen und rechtfertigt so die antike Allegorie, die Fortuna als ein Rad vorstellt, das die einen aufrichtet und die anderen zermalmt. Eine gleiche Tatsache kann unterschiedlich angeführt werden, von der rechten Seite als ein großer moralischer Fortschritt, von der linken Seite als ein Anzeichen des Zerfalls. Einem solch großen Ereignis wie zum Beispiel der Abschaffung der Sklaverei können, infolge von tausend Schlägen und Gegenschlägen des Lebens, bestimmte unheilvolle Folgen entspringen, die zu der Gesamtheit der glücklichen Folgen im Widerspruch stehen. Der Sklave, und man kann sogar auf allgemeine Weise sagen, der Mensch, dessen Leben von Kindheit an reguliert worden ist und der es nicht gelernt hat, zwischen zwei aufeinanderfolgenden, sehr unterschiedlichen Zuständen seines Milieus deutlich zu unterscheiden, gewöhnt sich leicht an die unveränderliche Routine seines Daseins, wie gewöhnlich sie auch ist: Er kann leben, ohne sich zu beklagen, so wie der Stein oder die Pflanze unter dem Schnee überwintern. Durch die Wirkung dieser Gewohnheit, in der das Denken eingeschlafen ist, geschieht es oft, dass der Mensch, plötzlich befreit von irgendeiner Knechtschaft, sich nicht mehr an die neue Lage anzupassen weiß; da er nicht gelernt hat, sich seines Willens zu bedienen, schaut er wie der Ochse zu dem Stachel, der ihn einst zur Arbeit antrieb: Er wartet auf das Brot, das man ihm früher zuwarf und das im Schlamm zu sammeln er gewohnt war. Die Eigenschaften der Sklaverei, Gehorsam, Gefügigkeit – wenn man sie überhaupt Eigenschaften nennen könnte – sind nicht die gleichen wie die des freien Menschen: Initiative, Mut, unbezähmbare Zähigkeit; derjenige, der sogar undeutlich die ersteren bewahrt, der sich so weit gehen lässt, das alte, durch den Stock und die Kleie geregelte Leben zurückzusehnen, wird niemals der stolze Heros seines Schicksals sein.

Andererseits riskiert der Mensch, der sich fröhlich an die Bedingungen eines neuen Lebens angepasst hat, der vollkommen unabhängig ist und dem Handelnden selbst die volle Verantwortung für sein Verhalten überträgt, dieser Mensch riskiert, mehr als das Mögliche zu leiden, wenn er sich von einem Überrest antiker Sklaverei erfasst sieht, dem Militärstand zum Beispiel. Dann wird ihm das Dasein unerträglich und der Selbstmord erscheint ihm als eine Zuflucht. So kann man in unserer unzusammenhängenden Gesellschaft, in der zwei entgegengesetzte Grundsätze einander bekämpfen, den Tod wünschen, sei es, dass es zu schmerzhaft ist, das Leben zu erobern, sei es, weil die Freiheit so viele Freuden hat, die man ihr nicht opfern kann. Ist es nicht widersprüchlich, dass als Reaktion auf eine größere Lebensintensität sich eine erstaunliche Zunahme von Verzweiflungsanfällen und von Todesbesessenheit zeigt? Die Zahl der Selbstmorde nimmt seit einigen Jahrzehnten in der heutigen Gesellschaft und in allen als zivilisiert bezeichneten Ländern stetig zu. Unlängst war diese Todesart selten in jeglicher Gegend und gänzlich unbekannt bei bestimmten Völkern, den Griechen zum Beispiel, wo im Übrigen Armut, Nüchternheit und raue Arbeit die Regel waren. Doch der große Wirbel, dessen Antriebskräfte die großen Städte sind, hat eine Bewegung hervorgebracht, entsprechend der Leidenschaften, Empfindungen, verschiedenen Eindrücke, Strebungen und Narrheiten in unseren modernen »Babylons«; das aktivere, leidenschaftlichere Leben wird im Gegenzug häufig durch Krisen verkompliziert, und oft geschieht der Stillstand jäh durch den Freitod.

Das ist die sehr schmerzliche Seite unserer so gepriesenen Halb-Zivilisation; Halb-Zivilisation, da sie nicht allen von Nutzen ist. War in unserer Zeit unsere Gesellschaft im Durchschnitt nicht nur tätiger, lebendiger, sondern auch glücklicher als sie es einst war, da die Menschheit, in zahlreiche Völkerschaften unterteilt, sich noch nicht in ihrer Gesamtheit bewusst geworden war, so stimmt es doch nicht minder, dass die moralische Kluft zwischen der Lebensart der Privilegierten und derjenigen der Parias sich vergrößert hat. Der Unglückliche ist noch unglücklicher geworden; seinem Elend gesellen sich der Neid und der Hass hinzu und verschärfen die körperlichen Leiden und die erzwungene Enthaltsamkeit. In einem Clan von Urvölkern haben der Hungernde, der Kranke nur ihre materielle Not zu tragen; bei unseren gesitteten Völkern haben sie noch das Gewicht der Erniedrigung zu ertragen oder gar den öffentlichen Abscheu: Sie befinden sich in Bedingungen der Unterkunft und der Kleidung, die sie schmutzig und abstoßend aussehen lassen. Gibt es nicht in jeder großen Stadt Viertel, die von den Reisenden sorgsam gemieden werden, aus Angst vor ekelerregenden Gerüchen, die daraus entweichen? Was die Eskimos in ihren Winter-Iglus betrifft, so bewohnt kein »primitiver« Stamm ähnliche Rumpelkammern; Glasgow, Dundee, Rouen, Lille und so viele andere Industriestädte haben Höhlen mit klebrigen Wänden, in denen sich Wesen von menschlichem Aussehen eine Zeitlang schmerzhaft dahinschleppen, als Schemen von Menschen. Die barbarischen Hindus, die in den Wäldern in der Mitte der Halbinsel leben, mit einigen bunten Lumpen bekleidet, bieten ein relativ fröhliches Schauspiel im Vergleich mit solch abgezehrten Proletariern des prunkvollen Europas, dunkel, traurig, schaurig, mit ihren zerlumpten und fettigen Kleidern. Was vor allem den Zuschauer verblüfft, der furchtlos am Ausgang der Werkstätten steht und von den Elendskleidern absieht, das ist das absolute Fehlen von Persönlichkeit. All diese Wesen, die sich zu einer ungenügenden Mahlzeit drängen, haben seit ihrer Jugend das gleiche welke Gesicht, den gleichen starren, eingeschlafenen Blick; es ist unmöglich, sie deutlicher zu individualisieren als die Schafe einer Herde; das sind keine menschlichen Wesen, sondern Arme, »Hände«, so wie die englische Sprache sie genau benennt.

Dieser schreckliche Kontrast, die schlimmste Geißel der jetzigen Gesellschaft, zählt zu denjenigen, welche die wissenschaftliche Methode in der Aufteilung der Güter der Erde rasch zu korrigieren vermöchte, da die notwendigen Ressourcen für alle

Menschen in Überfülle vorhanden sind, das werden wir nicht müde zu wiederholen. Wunderbar ausgerüstet durch ihre Fortschritte in der Kenntnis des Raums, der Zeit, der inneren Natur der Dinge und dem Menschen selbst, ist da die Menschheit jetzt nicht genügend weit fortgeschritten, um sich dem Hauptproblem ihrer Existenz zu nähern, der Verwirklichung ihres kollektiven Ideals, nicht nur für die »herrschenden Klassen«, eine Kaste oder eine Gesamtheit von Kasten, sondern für alle diejenigen, die eine Religion einst als »Brüder, nach dem Bildnis Gottes geschaffen« einstufte? Gewiss doch; die materielle Frage des Brotes wird an dem Tag keine mehr sein, an dem die Hungernden übereinstimmend das einfordern, was ihnen zusteht.

Gleichermaßen wird sich die Frage der Bildung auflösen, da sie im Prinzip zugelassen ist und das Streben nach Wissen allgemein ist, selbst in Form der Neugierde. Nun, ein Fortschritt kommt niemals allein; er vervollständigt sich, wird durch andere Fortschritte in der Gesamtheit der gesellschaftlichen Organisation zurückwirken. Von nun an wird das Gerechtigkeitsgefühl durch die Teilhabe aller an der materiellen und der intellektuellen Habe der Menschheit befriedigt sein; für jeden Menschen wird daraus eine einzigartige Erleichterung des Bewusstseins erwachsen, denn der Zustand der grausamen Ungleichheit, die jetzt die einen mit überflüssigen Reichtümern überhäuft, während sie die anderen sogar der Hoffnung beraubt, lastet wie ein Gewissensbiss, bewusst oder unbewusst, auf den menschlichen Seelen, auf denen der glücklichen vor allem, und mischt täglich ein Gift in ihre Freuden. Es wäre das größte Element der Befriedung, wenn niemand seinem Nächsten gegenüber im Unrecht wäre, denn es liegt in unserer Natur, diejenigen zu hassen, die wir verletzt haben, und diejenigen zu lieben, deren Anwesenheit an unser eigenes Verdienst erinnert. Die moralischen Folgen dieses ganz einfachen Aktes der Gerechtigkeit: allen Brot und Bildung zu garantieren, wären unberechenbar.

Wenn es geschieht – entsprechend der jetzigen Richtung der geschichtlichen Evolution –, wenn es bald geschieht, dass die Menschheit diese beiden Ziele erreicht, niemanden Hungers sterben zu lassen und niemanden in Unwissenheit verkommen zulassen, dann wird sich ein anderes Ideal wie ein Leuchtturm in voller Sicht zeigen, ein Ideal, das übrigens von einer immer weiter wachsenden Zahl von Individuen verfolgt wird; das hehre Streben, alle die Energien wiederzuerlangen, die in die Irre gegangen waren, den Verlust der Kräfte und der Materialien in der Gegenwart zu verhindern, und auch in der Vergangenheit all das wiederzuerobern, was unsere Vorfahren hatten entfliehen lassen. Es handelt sich darum, aus der allgemeinen Sicht der Zivilisationen die heutigen Ingenieure nachzuahmen, die Schätze in dem Abraum finden, der von den alten Bergarbeitern Athens für wertlos gehalten wurde. Wenn es stimmt, dass die Urvölker oder die Antiken in gewisser Hinsicht den mittelmäßigen Menschen unserer Tage an Kraft, an Behändigkeit, an körperlicher Gesundheit, an Schönheit des Angesichts übertroffen haben, nun, dann muss man wieder wie ihresgleichen werden. Zweifelsohne wird unsere Wiedereroberung nicht weiter gehen als den Gebrauch geschwundener Organe wiederzuerlangen, deren alte Bestimmung die Biologen entdeckt haben (Elie Metchnikoff)[13], aber es ist wichtig zu wissen, wie man die uns noch zugeteilten Energien in ihrer Fülle bewahrt, wie man den Gebrauch der Muskeln wiedererlangt, die, auch wenn sie weiterhin funktionieren, in ihrer Spannkraft geschwächt sind und Gefahr laufen, in unserem Organismus nur noch wertlos zu sein. Ist es möglich, diese materielle Verminderung des Menschen, der durch ein Wachstum seines Denkapparates aus dem Gleichgewicht geraten ist, zu verhindern? Man hat ihm vorhergesagt, dass er sich nach und nach in ein gewaltiges Gehirn umwandeln würde, umwickelt von Stoffstreifen, die ihn vor Schnupfen schützen würden, und dass der Rest seines Körpers schwinden würde; können wir nichts gegen diese Tendenz tun? Die Zoologen sagen uns, dass der Mensch einst ein Klettertier wie der Affe war. Warum lässt also der Moderne zu, dass er diese Geschicklichkeit des Kletterns verliert, die auch noch manche »Primitive« auf so bemerkenswerte Weise besitzen, namentlich jene, die im Wipfel von Palmen Früchte pflücken wollen? Das Kind, bei dem die Mutter es nie versäumt, die erstaunliche Kraft des Greifens mit der Hand zu bewundern, die ausreicht, um den Körper zu stützen, selbst nur für Minuten[14], verliert allmählich diese ursprüngliche Kraft, weil man ihm sorgsam die Gelegenheit entzieht, sie auszuüben; es genügt, dass die Kleider durch die Bemühungen des Kletterers von Rissen und Löchern bedroht sind, damit die Eltern in unserer zwanghaft ökonomischen Gesellschaft ihren Sprösslingen das Erklimmen von Bäumen untersagen: Die Angst vor der Gefahr ist in dieser Abwehr nur von zweitrangiger Bedeutung.

Ähnliche Befürchtungen führen dazu, dass die meisten »zivilisierten« Kinder den Söhnen der »Wilden« in den Spielen der Kraft und Geschicklichkeit weit unterlegen bleiben. Da sie darüber hinaus kaum Gelegenheit haben, ihre Sinne in der freien Natur zu üben, haben sie nicht den gleichen klaren Blick, das gleiche feine Gehör, wie Tiere mit schönen Gestalten und geschärften Sinnen, so wie sie sich Herbert Spencer erwünscht hat, sondern sind meistenteils unbestreitbar entartet. Sie verdienen nicht die Worte der Bewunderung, die der Anblick der jungen Männer von Tenimber[15], die sich darin übten, den Bogen zu spannen oder den Wurfspieß zu schleudern, bei den europäischen Reisenden aufkommen ließ.[16] Selbst unter den Pelota-, Golf- und Hockey-Spielern, die wegen der körperlichen Schönheit die Elite der Zivilisierten bilden, würden die Zuschauer schwerlich Gelegenheit finden, sich bei allen Meistern über dem vollkommenen Gleichgewicht der Formen zu entzücken. Der Beweis ist erbracht. Es ist gewiss, dass zahlreiche Völkerschaften, Schwarze und Rothäutige, Malaien und Polynesier durch die Reinheit der Gesichtszüge, der edlen Haltung, der Eleganz des Gangs obsiegen, nicht über diesen oder jenen außergewöhnlichen Typus unter den Europäern, sondern über zufällig herausgegriffene Gruppen, die den Durchschnittstypus der europäischen

Staaten darstellen. So hat es in dieser Hinsicht dadurch einen allgemeinen Rückschritt gegeben, dass wir uns in die Gefängnisse unserer absurden Kostüme einschließen, welche die Transpiration verhindern, das Wirken von Luft und Licht auf der Haut, die freie Entwicklung der Muskeln, die oft gehemmt, gequält, verstümmelt wird, sogar durch Schnürstiefel und Korsette. Dennoch beweisen zahlreiche Beispiele, dass dieser Rückschritt nicht endgültig und ohne Möglichkeit der Berufung ist, denn diejenigen unserer jungen Leute, die unter guten Bedingungen der Hygiene und der Körperübungen erzogen worden sind, entwickeln sich in Gestalt und Kraft wie die schönsten Wilden, und darüber hinaus haben sie die Überlegenheit, die ihnen das Selbstbewusstsein und den Zauber der Intelligenz übermitteln. Dank der Erwerbungen der Vergangenheit, die der Moderne rasch und methodisch durch Unterweisung annimmt, gelingt es ihm, länger zu leben als der Wilde, da er in seinem Leben tausend frühere Existenzen verdichten und an die Überreste erinnern kann, um daraus mit den gängigen Anwendungen und den Neuerungen des »Vorlebens« ein logisches und schönes Ganzes zu machen. Möge man die Gesamtheit der Kräfte, die der Moderne umfassen kann, durch die heutigen klugen Kletterer der Alpen, des Kaukasus, der Rocky Mountains, der Alpen, des Tian-Shan, des Himalaja beurteilen! Gewiss, kein Jacques Balmat hätte den Mont Blanc erklommen, wenn es nicht einen de Saussure gegeben hätte, um ihn in diesem Werk zu begeistern, und sind jetzt nicht Leute wie Whimper, Freshfield,

Conway an Kraft, an Ausdauer, an Kenntnis und Gebirgserfahrung ebenbürtig geworden und sind vielleicht sogar die überlegenen, sichersten Bergführer, die von Jugend an in allen körperlichen und moralischen Tugenden unterwiesen worden, welche die gefährlichen Anstiege erforderten? Jetzt lässt der Wissenschaftler den Einheimischen ihm zum Gipfel des Kilimandscharo oder zum Aconcagua folgen. Er führt jetzt die Inuit zur Eroberung des Pols. So kann das Ideal, das der moderne Mensch ersonnen hat, nämlich die neuen Eigenschaften zu erwerben, ohne die zu verlieren, welche die Alten besaßen, oder diese sogar wiederzuerlangen, sich vollkommen verwirklichen; das ist keine Chimäre mehr.

Aber diese Kraft des Begreifens, diese größere Fähigkeit des modernen Menschen, die es ihm erlaubt, die Vergangenheit des Wilden in seinem natürlichen alten Milieu wiederzuerobern und sich mit ihm zu verbinden, mit seinen verfeinerten Ideen harmonisch zu verschmelzen, dieses ganze Wachstum von Kraft kann nicht zu einer endgültigen, normalen Wiedereroberung führen, zu der Bedingung des modernen Menschen, alle anderen Menschen, seine Brüder, in einem gleichen Gefühl der Einheit mit der Gesamtheit der Dinge zu umfassen.

Hier also die soziale Frage, die sich erneut und in ihrer ganzen Ausdehnung stellt. Es ist unmöglich, den »primitiven Wilden« in seinem natürlichen Milieu von Bäumen und Bächen voll und ganz zu lieben, wenn man nicht zugleich die Menschen der mehr oder weniger künstlichen Gesellschaft der heutigen Welt liebt. Wie die kleine zauberhafte Individualität der Blume bewundern, lieben, wie sich als Bruder mit dem Tier fühlen, sich ihm nähern wie Franz von Assisi es tat, wenn man nicht auch in den Menschen werte Gefährten sieht, zumindest jedoch, dass man sie kraft der Liebe nicht flieht, um moralische Wunden zu vermeiden, die vom Gehässigen, Heuchlerischen oder Gleichgültigen herrühren? Das vollkommene Bündnis des Zivilisierten mit dem Wilden und mit der Natur kann sich nur durch die Zerstörung der Grenzen zwischen den Kasten ebenso wie derjenigen zwischen den Völkern vollziehen. Jedes Individuum muss sich, ohne alten Konventionen und Gewohnheiten zu gehorchen, an irgendeinen von seinesgleichen in aller Brüderlichkeit wenden und frei mit ihm über alles plaudern können, »was menschlich ist«, wie Terenz sagte. Das Leben, wieder an seiner ersten Einfachheit angelangt, erlaubt durch diese die volle und herzliche Freiheit des Umgangs mit den Menschen.

Hat die Menschheit auf diesem Weg wirkliche Fortschritte gemacht? Es wäre absurd, es zu leugnen. Was man die »demokratische Flut« nennt, ist nichts anderes als diese wachsende Gleichheit bei den unterschiedlichen jüngst verfeindeten Kasten. Unter den Tausenden wechselnden Erscheinungsbildern der Oberfläche vollendet sich die Arbeit in den Tiefen der Nationen, dank der wachsenden Erkenntnis, die der Mensch von sich und dem anderen erlangt: Allmählich gelingt es, den gemeinsamen Boden zu finden, durch den wir uns ähneln, uns von dem Wirrwarr der oberflächlichen Meinungen zu lösen, die uns getrennt halten; wir bewegen uns also auf eine zukünftige Versöhnung hin, auf eine Form des Glücks, die ganz anders ausgedehnt ist als diejenige, mit der sich unsere Ahnen, die Tiere und die »Primitiven« begnügten. Unsere materielle und moralische Welt ist weiter geworden, und desgleichen ausgedehnter ist unsere Vorstellung von Glück, die von nun an nur unter der Bedingung für eine solche gehalten wird, dass sie von allen geteilt wird, bewusst geworden, durchdacht und in sich die leidenschaftlichen Erforschungen der Wissenschaft und die Freuden der antiken Schönheit begreift.

All dies entfernt uns auf besondere Weise von der Theorie des »Übermenschen«, wie sie die Aristokraten des Denkens verstehen. Die Könige, die Mächtigen, stellen sich gern vor, dass es zwei Arten von Moral gibt, die ihrige, welche die der Laune ist, und den Gehorsam, der dem Volk geziemt. Desgleichen die jungen Übermütigen, Bewunderer der intellektuellen Kraft, von der sie glauben, sie gehöre ihnen; sie lassen sich nach Belieben auf einer hohen Terrasse des Elfenbeinturms nieder, zu der die bescheidenen Sterblichen keinen Zugang haben. Von geringer Zahl sind die Erwählten, mit denen sie zu plaudern geruhen; vielleicht halten sie sich sogar für Einsiedler. Das Genie lastet auf ihnen; unter ihrer Stirn, die fatale Falten durchfurchen, tragen sie eine ganze Gewitterwelt, und sie sehen sogar nicht, unter dem Flug ihres Denkens, die grollende, amorphe Masse einer unbekannten Menge. Gewiss, der Mensch kann nur die Grenzen ziehen, die sein Ehrgeiz zu studieren und zu überschreiten lernen vermag: Ja, er muss versuchen, sein eigenes Ideal zu verwirklichen, dazu neigen, es fernzuhalten, immer noch weiter steigen – sogar sterbend glaube ich an mein persönliches Fortschreiten, und sinke du ab, du, der sich absinken spürt –, doch dafür braucht er nicht das Band zu zerreißen, das ihn mit den Wesen verbindet, die ihn umgeben, denn er kann nicht der engen Solidarität entkommen, die ihn das Leben von seinesgleichen leben lässt. Ganz im Gegenteil, jeder seiner persönlichen Fortschritte ist ein Fortschritt für diejenigen, die ihn umgeben: Er teilt seine Kenntnisse, wie er sein Brot teilt, er lässt keine Armen oder Schwachen zurück. Er hatte Erzieher, denn er ist nicht ohne Vater geboren wie solch jener Gott der Sage; seinerseits wird er Erzieher jener sein, die nach ihm kommen werden.

Die barbarische Methode der Spartaner gefällt auch den Kraftlosen, die weder heilen noch unterrichten können: Sie ersticken den, der schwach erscheint, sie werfen den Fehlankömmling in ein Brunnenloch und zerschmettern ihm die Knochen. Dies ist das summarische Vorgehen der Schwachen und Unwissenden. Und welcher Arzt, welche weise Frau, welcher unfehlbare Schiedsrichter wird uns diejenigen nennen, die man verschonen kann, und die Neugeborenen, für die keine Hoffnung besteht? Oft ist die Wissenschaft dieser Richter auf dem Holzweg: Ein Körper, den sie als lebensunfähig erklärt haben, fügt sich bewundernswert ein; ein Verstand, den sie von der Höhe ihres Richterstuhls dem des Idioten gleichgestellt haben, hat sich zu genialer und schöpferischer Kraft entwickelt; Alte, Routinierte, Fortschrittsfeinde, sie hatten sich ganz und gar geirrt; und durch die Revolte gegen sie hat die Welt sich vergrößert und erneuert. Am sichersten ist es also, all die Menschen als Gleiche in Tugendhaftigkeit und Würde aufzunehmen, den Schwachen zu helfen, indem man sie in ihrer Kraft unterstützt, die Kranken, indem man sie wieder gesunden lässt, die Unvernünftigen, indem man ihren Geist für höhere Gedanken öffnet; dabei andauernd beschäftigt mit dem Besten für die anderen und sich selbst, denn wir bilden ein Ganzes und, von Fortschritt zu Fortschritt ebenso wie von Rückflut zu Rückflut, entsteht die Evolution von einem Ende der Welt zum anderen.

Das Glück, wie wir es begreifen, ist also kein einfaches persönliches Genießen. Gewiss, es ist individuell in dem Sinn, dass »jeder seines Glückes Schmied« ist. Aber es stimmt nicht, dass es sich, in die Tiefe reichend und vollständig, über die ganze Menschheit ausbreitet, dass es möglich sei, den Kummer, die Unfälle, die Krankheiten, den Tod sogar zu vermeiden, sondern weil der Mensch, indem er sich mit dem Menschen zu einem Werk verbindet, dessen Reichweite er begreift, und einer Methode folgt, deren Wirkungen er kennt, die Sicherheit haben kann, diesen großen menschlichen Körper zum Besten auszurichten, ein Körper, dessen eigene individuelle Zelle nur eine unendlich kleine ist, Milliardstel eines Milliardstels, und wenn man die aufeinanderfolgenden Generationen zählt und nicht bloß die heutige Zahl der durch Zählungen erfassten Bewohner. Nicht dieses oder jenes Stadium der persönlichen und kollektiven Existenz schaffen das Glück, es ist vielmehr das Bewusstsein, einem bestimmten Ziel entgegenzugehen, das man erwünscht und das man teilweise durch seinen Willen erschafft. Die Kontinente zu bewirtschaften, die Meere und die Atmosphäre, die uns umgibt, unseren irdischen »Garten zu bepflanzen«, um aufs Neue die Atmosphäre zu verteilen und zu regeln, um jedes individuelle Leben von Pflanze, Tier oder Mensch zu begünstigen, um uns endgültig unserer solidarischen Menschheit bewusst zu werden, mit dem Planeten selbst ein Ganzes zu bilden, unsere Ursprünge mit dem Blick zu umfassen, unsere Gegenwart, unser angenähertes Ziel, unser fernes Ideal, darin besteht der Fortschritt.

In vollem Vertrauen also können wir auf die Frage antworten, die in jedem Menschen im innersten Winkel seines Herzens auftaucht: Ja, wir haben Fortschritte gemacht von dem Tag an, als unsere Vorfahren aus den mütterlichen Höhlen hervorkamen, während einiger tausend Jahre, welche die kurze bewusste Periode unseres Lebens ausmacht.

Anmerkungen

1 Eigentl. Sakyamuni, ein tausendjähriger hölzerner Buddha-Tempel in China, hier personalisiert.

2 Jean-Marie Guyau (1854–1888), franz. Philosoph und Dichter, Begründer des philosophischen Evolutionismus.

3 Eigentl. Tupinambá, ein inzwischen ausgestorbenes indigenes Volk in Brasilien. Die Knollenfrucht Topinambur ist nach ihm benannt.

4 Innokenti Weniaminow (1797–1879), russ. Priester und Erforscher der Sprachen und Völker des nördl. Pazifikraums.

5 Alfred Russel Wallace (1823–1913), engl. Naturforscher, entwickelte parallel zu Darwin Ideen zur Evolutionstheorie.

6 Carl Alfred Bock (1849–1932), norweg. Forscher, bereiste 1878–1879 Borneo und Sumatra. 1882 erschien sein Buch *The Head-hunters of Borneo.*

7 Gemeint ist Louis Claude de Saint-Martin (1743–1803).

8 Giambattista Vico (1668–1744), ital. Rechts- und Geschichtsphilosoph. Hauptwerk: *La Scienza Nova.*

9 Michel de Montaigne, *Essais*, I. Kap. XXX.

10 Pjotr Alexeyewitch Kropotkin (1842–1921), russ. Anarchist. 1889 erschien *La conquête du Pain* (Die Eroberung des Brotes).

11 Jean Marie Coritat, Marquis de Condorcet (1743–1794), franz. Mathematiker und Physiker, Aufklärer und kultureller Neuerer.

12 Émile Acollas (1826–1891), franz. Begründer der Liga für Frieden und Freiheit. Professor für Rechtswissenschaft.

13 Auch: »Metschnikow« (1845–1916), russ. Zoologe, Anhänger von Darwin.

14 Henry Drummond, *Ascent of Man*, London 1906, S. 101, 103.

15 Tanimbarinseln, die zu den Molukken gehören.

16 Anna Forbes, *Insulinde. Experience of a Naturalist's Wife in the Eastern Archipelago*, Edinburgh / London 1887.

Die Anarchie

Die Anarchie ist keine neue Theorie. Das Wort selbst, in der Bedeutung von »Abwesenheit einer Regierung« oder »Gesellschaft ohne Anführer« aufgefasst, ist alten Ursprungs und wurde schon vor Proudhon verwendet.

Im Übrigen, was bedeuten schon Worte? Vor den Anarchisten hat es »Akraten« gegeben, und die Akraten hatten ihren Namen noch nicht für eine gelehrte Bildung gehalten, der unzählige Generationen gefolgt waren. In allen Zeiten hat es freie Menschen gegeben, Gesetzesverächter, Leute ohne Herren lebend, nur durch das Ursprungsrecht ihres Daseins und ihres Denkens. Selbst in Anfangszeiten finden wir überall Stämme, die sich nach Belieben verwalteten, ohne die Last von Gesetzen und ohne eine andere Verhaltensregel als ihren »eigenen freien Willen«, um mit Rabelais zu sprechen, und sogar angetrieben von ihrem Verlangen, den »tiefen Glauben« zu begründen, wie die »tapferen Ritter« und die »so sehr artigen Damen«, die sich in der Abtei Thélème[1] vereinigt hatten.

Doch wenn die Anarchie ebenso alt ist wie die Menschheit, werden zumindest diejenigen, die sie vertreten, irgendetwas Neues in die Welt bringen. Sie haben ein genaues Bewusstsein des von ihnen verfolgten Ziels und stimmen von einem Ende der Welt zum anderen in ihrem Ideal überein, jede Form des Regierens zurückzuweisen. Der Traum der weltweiten Freiheit ist nicht mehr länger eine rein philosophische und literarische Utopie wie für die Gründer des Sonnenstaates oder des Neuen Jerusalem; er ist das praktische, tatkräftig gesuchte Ziel für die Mengen vereinter Menschen geworden, die entschlossen an dem Entstehen einer Gesellschaft zusammenarbeiten, in der es keine Herren mehr geben wird, keine offiziellen Hüter der öffentlichen Moral, weder Kerkermeister noch Henker, weder Reiche noch Arme, sondern Brüder, die täglich ihren Anteil an Brot haben, gleich an Rechten und jetzt im Frieden und in herzlichem Bündnis sich haltend, nicht gehorsam den Gesetzen gegenüber, die immer von fürchterlichen Drohungen begleitet werden, sondern durch den wechselseitigen Respekt vor den Interessen und der wissenschaftlichen Beobachtung der Naturgesetze.

Gewiss erscheint dieses Ideal einigen unter euch als Chimäre, aber ich bin auch sicher, dass es den meisten als wünschenswert vorkommt, und dass ihr in der Ferne das ätherische Bild einer friedlichen Gesellschaft seht, auf dem die Menschen, nunmehr versöhnt, ihre Säbel verrosten lassen, ihre Kanonen einschmelzen und ihre Schiffe entwaffnen. Im Übrigen, gehört ihr nicht zu jenen, die seit Langem, seit Tausenden von Jahren, sagt ihr, am Bau des Tempels der Gleichheit arbeiten? Ihr seid

»Maurer«, mit dem einzigen Ziel, ein Bauwerk von vollkommenen Proportionen zu »mauern«, in das nur freie Menschen eintreten, Gleiche und Brüder, die ohne Unterlass an ihrer Vervollkommnung arbeiten und durch die Kraft der Liebe ein neues Leben der Gerechtigkeit und Güte hervorbringen. Das ist es, nicht wahr, und ihr seid nicht allein! Ihr strebt nicht nach dem Monopol eines Fortschritts- und Erneuerungsgeistes. Ihr lasst euch auch nicht das Unrecht zuschulden kommen, eure speziellen Freunde zu vergessen, jene, die euch verfluchen und exkommunizieren, die inbrünstigen Katholiken, welche die Feinde der Heiligen Kirche der Hölle weihen, die aber nicht minder die Ankunft eines Zeitalters definitiven Friedens vorhersagen. Franz von Assisi, Katharina von Siena, Teresa von Ávila und so viele andere unter den Gläubigen eines Glaubens, der nicht der unsrige ist, liebten gewiss die Menschheit mit der aufrichtigsten Liebe, und wir müssen sie zu denjenigen zählen, die für ein Ideal universellen Glücks lebten. Und jetzt kämpfen auch Millionen um Millionen von Sozialisten, gleich welcher Schule sie angehören, ebenfalls für eine Zukunft, in der die Macht des Kapitals gebrochen sein wird und wo die Menschen sich einander ohne Spott »Gleiche« nennen können!

Das Ziel der Anarchisten ist ihnen also mit vielen großzügigen Menschen gemeinsam, die Religionen angehören, Sekten, verschiedensten Parteien, doch sie unterscheiden sich deutlich durch die Mittel, so wie ihr Name ihn auf die am wenigsten zweifelhafte Weise anzeigt. Die Eroberung der Macht war fast immer die Hauptbeschäftigung der Revolutionäre, sogar derjenigen mit den besten Absichten. Die überkommene Erziehung erlaubte ihnen nicht, sich eine freie Gesellschaft vorzustellen, die ohne eine regelmäßige Regierung funktionierte; und sobald sie die verhassten Herren gestürzt hatten, beeilten sie sich, diese durch andere Herren zu ersetzen, der heiligen Formel gemäß dazu bestimmt, »das Glück ihrer Völker zu machen«. Gewöhnlich erlaubte man sich nicht einmal, einen Wechsel des Fürsten oder der Dynastie vorzubereiten, ohne einem zukünftigen Souverän gegenüber die Huldigung seines Gehorsams erwiesen zu haben: »Der König ist tot! Es lebe der König!«, riefen die Untertanen, sogar in ihrem Aufbegehren immer noch treu. Jahrhunderte um Jahrhunderte war das der Lauf der Geschichte. »Wie kann man ohne Herren leben?«, sagten die Sklaven, die Ehefrauen, die Kinder, die Arbeiter der Städte und des Landes, und aus freien Stücken legten sie den Kopf unter das Joch, wie der Ochse, der den Pflug zieht. Man erinnert sich an die Aufständischen von 1830, die »die beste der Republiken« in der Person eines neuen Königs beanspruchten, und die Republikaner von 1848 zogen sich diskret in ihre Verhaue zurück, nachdem sie »drei Elendsmonate im Dienst der Übergangsregierung« verbracht hatten. Zur selben Zeit brach in Deutschland eine Revolution aus und in Frankfurt trat ein Volksparlament zusammen: »Die alte Autorität ist ein Leichnam!«, rief einer der Repräsentanten. »Ja«, erwiderte der Präsident, »wir werden ihn wieder zum Leben erwecken. Wir werden neue Menschen herbeirufen, die es verstehen, für die Macht das Vertrauen der Nation wiederzuerlangen.« Ist das nicht die Gelegenheit, den Vers von Victor Hugo[2] zu zitieren:

> Ein alter menschlicher Instinkt, der zur Schändlichkeit führt

Gegen diesen Instinkt stellt die Anarchie wahrlich einen neuen Geist dar. Man kann es den Libertären nicht zum Vorwurf machen, dass sie sich von einer Regierung zu befreien suchen, um sich an ihre Stelle zu setzen: »Entferne dich von hier, um mir Platz zu machen!«, das ist ein Spruch, den auszusprechen sie grausen würde, und zuvor weihen sie der Scham und der Verachtung oder zumindest dem Mitleid denjenigen unter ihnen, der, von der Tarantel der Macht gestochen, sich so weit gehen ließ, unter dem Vorwand, dass auch er, um »das Glück seiner Mitbürger« zu machen, einen Platz ergattert. Die Anarchisten bekennen, wobei sie sich auf Beobachtung stützen, dass der Staat und alles, was damit verbunden ist, keine reine Wesenheit ist oder gar eine philosophische Formel, sondern eine Gesamtheit von Individuen, die in einem besonderen Milieu platziert sind und dessen Einfluss unterliegen. Jene, die in Wichtigtuerei, in Macht und in Hochnäsigkeit gegenüber ihren Mitbürgern erzogen wurden, und deshalb sozusagen gezwungen sind, sich den gewöhnlichen Leuten gegenüber für überlegen zu halten, lassen die Versuchungen jeglicher Art, die sie belagern, diese auf fast fatale Weise tief unter das allgemeine Niveau fallen. Dies wiederholen wir ohne Unterlass unseren Brüdern gegenüber – den manchmal feindlichen Brüdern –, den Staatssozialisten: »Gebt acht auf eure Anführer und Bevollmächtigten! Wie ihr sind sie gewiss von den reinsten Absichten belebt; sie wollen leidenschaftlich die Beseitigung des Privateigentums und des tyrannischen Staates; doch die Beziehungen, die neuen Möglichkeiten verändern sie allmählich; ihre Moral verändert sich mit ihren Interessen, und, während sie sich immer noch der Sache ihrer Mandanten treu glauben, werden sie ihnen notgedrungen untreu. Auch sie müssen sich, als Inhaber der Macht, der Instrumente der Macht bedienen: Armee, Moralisten, Richter, Polizisten und Spione.« Vor mehr als dreitausend Jahren hat der hinduistische Dichter des *Mahabharata* zu diesem Thema die Erfahrung von Jahrhunderten formuliert: »Der Mensch, der in einem Wagen daherfährt, wird nie der Freund des Menschen sein, der zu Fuß geht!«

*

Daher haben die Anarchisten in dieser Hinsicht die entschiedensten Grundsätze: Ihnen zufolge kann die Eroberung der Macht nur dazu dienen, ihre Dauer zusammen mit derjenigen der entsprechenden Sklaverei zu verlängern. Nicht ohne Grund also bleibt die Bezeichnung »Anarchisten«, die, nach allem, nur eine negative Bedeutung hat, diejenige, mit der wir allgemein bezeichnet werden. Man könnte uns auch »Libertäre« nennen, so wie sich mehrere unter uns gern bezeichnen. Oder gar »Harmoniker«, wegen des freien Einklangs der Willensstrebungen, der, uns zufolge, die zukünftige Gesellschaft bilden wird; doch diese Bezeichnungen unterscheiden uns nicht genug von den anderen Sozialisten. Es ist der Kampf gegen jede offizielle Macht, der uns wesensmäßig unterscheidet; jede Individualität erscheint uns als die Mitte des Universums, und jede hat die gleichen Rechte bei ihrer vollständigen Entwicklung, ohne dass eine lenkende Macht eingreift, weder Züchtigung noch Prügel.

*

Ihr kennt unser Ideal. Folgende Frage stellt sich jetzt als Erste: »Ist dieses Ideal wahrhaft edel und hat das Opfer ergebener Menschen verdient, die schrecklichen Gefahren, die alle Revolutionen mit sich bringen? Ist die anarchistische Moral rein? Und wird der Mensch in der libertären Gesellschaft, wenn sie sich bildet, besser sein als in einer Gesellschaft, die auf der Furcht vor der Macht oder den Gesetzen beruht?« Ich antworte in voller Zuversicht und hoffe, dass ihr bald mit mir antwortet: »Ja, die anarchistische Moral entspricht am besten der modernen Auffassung von Gerechtigkeit und Güte.«

Die alte Moral gründete, wie ihr wisst, auf nichts anderem als dem Schrecken, dem »Zittern und Beben«, wie die Bibel sagt und wie manche Vorschriften euch in euren jungen Jahren gelehrt haben. »Die Furcht vor Gott ist der Beginn der Weisheit«, das war einst der Ausgangspunkt jeder Erziehung: Die Gesellschaft in ihrer Gesamtheit beruhte auf dem Schrecken. Die Menschen waren keine Bürger, sondern Untertanen oder Pfarrkinder; die Ehefrauen waren Mägde, die Kinder Sklaven, über welche die Eltern einen Rest des alten Rechts über Leben und Tod hatten. Überall, in allen sozialen Verbindungen, zeigten sich die Beziehungen von Überlegenheit und Unterordnung; schließlich ist noch in unseren Tagen der Grundsatz des Staates und aller Teil-Staaten, die ihn bilden, die Hierarchie oder die »heilige« Archie, die »geheiligte« Autorität, – das ist der wahre Sinn dieses Wortes. – Und diese sakrosankte Herrschaft bringt eine ganze Folge von übereinander geschichteten Klassen mit sich, deren höchste allesamt das Recht haben zu befehlen, und die untersten allesamt die Pflicht haben zu gehorchen. Die offizielle Moral besteht darin, sich vor dem Höheren zu verneigen und stolz vor dem Subalternen zu stehen. Jeder Mensch muss, wie Janus, zwei Gesichter haben, zwei Lächeln, das eine schmeichelnd, gefällig, manchmal sklavisch, das andere stolz und von einer edlen Herablassung. Das Autoritätsprinzip – so heißt diese Sache – fordert, dass der Überlegene niemals den Eindruck macht, unrecht zu haben und dass er bei jedem Wortwechsel das letzte Wort hat. Und vor allem müssen seine Befehle beachtet werden. Das vereinfacht alles: Kein Nachdenken ist nötig, keine Erklärungen, kein Zögern, keine Debatten, Skrupel. Die Angelegenheiten gehen dann ganz von allein, gut oder schlecht. Und wenn kein Herr da ist, um zu befehlen, hat man da nicht alle Formeln bereits fertiggestellt, Befehle, Dekrete oder Gesetze, Edikte ebenfalls von den absoluten Herren oder den Gesetzgebern auf mehreren Stufen? Diese Formeln ersetzen die unmittelbaren Befehle und man befolgt sie, ohne suchen zu müssen, ob sie der inneren Stimme des Gewissens gemäß sind.

Unter Gleichen ist das Werk schwieriger, aber auch erhabener: Man muss streng die Wahrheit suchen, die persönliche Pflicht finden, es lernen, sich selbst kennenzulernen, fortwährend seine eigene Erziehung betreiben, in seinem Verhalten die Rechte und die Interessen der Kameraden zu achten. Nur dann allein wird man ein wirklich moralisches Wesen, man wird im Gefühl seiner Verantwortlichkeit geboren. Die Moral ist keine Ordnung, der man sich unterwirft, ein Wort, das man wiederholt, eine dem Individuum rein äußerliche Sache; sie wird ein Teil des Seins, ein Erzeugnis des Lebens selbst. So verstehen wir die Moral, wir Anarchisten. Haben wir nicht das Recht, sie mit Befriedigung mit der zu vergleichen, die uns die Vorfahren vermacht haben?

Vielleicht werdet ihr mir damit recht geben? Aber immer noch äußern mehrere unter euch das Wort »Chimäre«. Glücklich bereits, dass ihr darin zumindest eine edle Chimäre seht, gehe ich weiter, und ich bekräftige, dass unser Ideal, unsere Vorstellung ganz und gar in der Logik der Geschichte liegt, herbeigeführt natürlich durch die Entwicklung der Menschheit.

Einst durch den Schrecken des Unbekannten ebenso verfolgt wie durch das Gefühl ihrer Ohnmacht bei der Suche von Gründen, hatten die Menschen durch die Stärke ihres Verlangens eine oder mehrere hilfreiche Gottheiten geschaffen, die zugleich ihr ungestaltes Ideal und den Stützpunkt dieser ganzen geheimnisvollen sichtbaren und unsichtbaren Welt der Dinge der Umwelt darstellten. Diese Phantome der Vorstellungskraft, ganz im Gewand der Allmacht, wurden in den Augen der Menschen auch zum Grundsatz der All-Gerechtigkeit und der All-Autorität: Himmelsmeister hatten natürlich ihre Übersetzer auf Erden, Zauberer, Ratgeber, Kriegsherren, vor denen man sich niederzuwerfen lernte wie vor den Vertretern des Oben. Das war die Logik: Aber der Mensch währt länger als seine Werke, und diese von ihm geschaffenen Götter haben sich unablässig verändert wie aufs Unendliche geworfene Schatten. Sichtbar zunächst, belebt von menschlichen Leidenschaften, ungestüm und fürchterlich, wichen sie allmählich in eine unermessliche Ferne zurück; schließlich wurden sie Abstraktionen, erhabene Ideen, denen man sogar keinen Namen mehr gab, dann vermischten sie sich mit den Naturgesetzen der Welt; sie kehrten in dieses Universum zurück, von dem sie angenommen hatten, es sei dem Nichts entsprungen, und jetzt befindet sich der Mensch allein auf der Erde, über der er das riesenhafte Bildnis Gottes errichtet hatte.

Die ganze Vorstellung von Dingen verändert sich also gleichzeitig. Wenn Gott in Ohnmacht fällt, sehen diejenigen, die ihm ihre Ansprüche auf Gehorsam abgewannen, auch ihren geliehenen Glanz sich eintrüben: Auch sie müssen allmählich in die Ränge zurücktreten, sich so gut es geht mit dem Zustand der Dinge bequemen. Man würde heute keinen Tamerlan mehr finden, der seinen vierzig Kurtisanen befehlen würde, sich von der Höhe eines Turms zu stürzen, in der Gewissheit, dass er im Nu von den Zinnen die vierzig blutenden und zertrümmerten Leichname sehen würde. Die Freiheit des Denkens hat, ohne dass sie es wissen, aus allen Menschen Anarchisten gemacht. Wer bewahrt sich jetzt nicht einen kleinen Winkel im Gehirn, um nachzudenken? Nun, genau das ist das Verbrechen der Verbrechen, die Sünde schlechthin, symbolisiert durch die Frucht des Baums, die den Menschen die Erkenntnis von Gut und Böse offenbarte. Daher der Hass auf die Wissenschaft, den die Kirche immer bekannte. Daher diese Wut, die Napoleon, ein moderner Tamerlan, immer auf die »Ideologen« hatte.

Aber die Ideologen sind gekommen. Sie haben auf die Illusionen von einst wie auf Wasserdampf geblasen und dabei die ganze wissenschaftliche Arbeit durch Beobachtung und Experiment wiederbegonnen. Einer von ihnen sogar, Nihilist vor unserer Zeit, Anarchist, wenn es jemals einen gab, zumindest mit Worten, begann mit allem, was er gelernt hatte, »Tabula rasa« zu machen. Er ist jetzt fast nur Gelehrter, fast nur Literat, der bekennt, selbst sein eigener Herr, sein eigenes Vorbild zu sein, der ursprüngliche Denker seines Denkens, der Moralist seiner Moral. »Willst du das Beste tun, so bleib nicht auf dir selber ruhn«, sagte Goethe! Und wollen die Künstler die Natur nicht so wiedergeben, wie sie diese sehen, so wie sie diese verspüren und begreifen? Das könnte man nun gewöhnlich eine »aristokratische Anarchie« nennen, die die Freiheit nur für das erwählte Volk der Musageten[3] in Anspruch nähme, oder für die Besteiger des Parnass. Jeder von ihnen will frei denken, nach seinem Belieben sein Ideal im Unendlichen suchen, wobei er sagt, es sei »eine Religion fürs Volk nötig!« Er will als unabhängiger Mensch leben, doch »der Gehorsam ist für die Frauen gemacht«; er will Originalwerke schaffen, doch »die Menge unten« muss geknechtet bleiben wie eine Maschine mit dem schändlichen Funktionieren der Arbeitsteilung. Dennoch haben diese Aristokraten des Geschmacks und des Denkens nicht mehr die Kraft, die große Schleuse zu schließen, durch die sich die Flut ergießt. Wenn die Wissenschaft, die Literatur und Kunst Anarchisten geworden sind, wenn jeder Fortschritt, jede neue Form der Schönheit dem Aufblühen des freien Denkens geschuldet ist, dann arbeitet dieses Denken auch in den Tiefen der Gesellschaft, und jetzt ist es nicht mehr möglich, es zurückzuhalten. Es ist zu spät, um die Sintflut aufzuhalten.

Ist die Verminderung des Respekts nicht das Phänomen schlechthin der zeitgenössischen Gesellschaft? Ich habe einst in England gesehen, wie sich die Menge zu Tausenden durch die Straßen stürzte, um den leeren Wagen eines großen Herrn zu betrachten. Ich werde das jetzt nicht mehr sehen. In Indien machten die Parias ergeben in einhundertfünfzehn ordnungsgemäßen Schritten vor den hochmütigen Brahmanen halt; seit man sich in den Bahnhöfen drängt, gibt es zwischen ihnen nur noch die abschließende Wand eines Wartesaals. Es fehlt nicht an Beispielen für Niedrigkeit, Kriecherei in der Welt, doch gibt es auch Fortschritt in Richtung der Gleichheit. Bevor man seinen Respekt bezeugt, fragt man sich manchmal, ob der Mensch oder die Institution wirklich respektabel ist. Man studiert den Wert der Individuen, die Bedeutung der Werke. Der Glaube an die Größe ist verschwunden; nun, da es den Glauben nicht mehr gibt, verschwinden ihrerseits die Institutionen. Die Aufhebung des Staates ist naturgemäß in der Auslöschung der Hochachtung enthalten.

Das Werk der tadelnden Kritik, welcher der Staat unterworfen ist, wird gleichermaßen gegen alle gesellschaftlichen Institutionen ausgeübt. Das Volk glaubt nicht mehr, das Volk glaubt absolut nicht mehr an den heiligen Ursprung des Privateigentums, hervorgebracht, sagen uns die Ökonomen, – man wagt es jetzt nicht zu wiederholen, – durch die persönliche Arbeit der Eigentümer; er weiß sehr wohl, dass der individuelle Arbeiter Millionen auf Millionen schafft, und dass diese ungeheuerliche Bereicherung immer noch die Folge eines falschen Gesellschaftszustandes ist, der einem Einzigen das Erzeugnis der Arbeit von tausend anderen zuteilt; er wird immer das Brot achten, das der Arbeiter mühsam verdient hat, die Hütte, die er mit seinen Händen erbaut hat, den Garten, den er gepflanzt hat, aber er wird bestimmt den Respekt vor den Tausenden fiktiver Eigentümer verlieren, welche die Papiere jeder Währung in den Banken darstellen. Der Tag wird kommen, und ich zweifele nicht daran, an dem er in aller Ruhe Besitz von allen Erzeugnissen gemeinsamer Arbeit ergreifen wird, von Gruben und Domänen, Fabriken und Schlössern, Eisenbahnen, Schiffen und Schiffsladungen. Wenn die Menge, diese »gemeine« Menge, durch ihr Unwissen und durch die Feigheit, die dessen fatale Folge ist, aufgehört haben wird, das Beiwort zu verdienen, mit dem man sie beleidigte, wenn sie in ganzer Gewissheit wissen wird, dass der wucherische Kauf dieser gewaltigen Habe einzig auf einer handschriftlichen Fiktion beruht, auf dem Glauben an blaues Papier, wird der jetzige Gesellschaftszustand wohl bedroht sein! In Gegenwart dieser tiefgreifenden, unwiderstehlichen Evolutionen, die in allen menschlichen Gehirnen vonstattengehen, wie albern, bar jedes Sinns mag unseren Nachkommen dieses rasende Geschrei erscheinen, das man gegen unsere Erneuerer schleudert! Was bedeuten die zotigen Worte, ausgeschüttet von einer Presse, die ihre Subsidien in guter Prosa ausbezahlen muss, was bedeuten selbst die ehrenhaft gegen uns vorgebrachten Beleidigungen durch diese frommen »Heiligen, aber schlichten Gemüter«, die das Holz zum Scheiterhaufen von Jan Hus trugen! Die Bewegung, die uns mitreißt, besteht nicht aus einfachen vom Teufel Besessenen oder aus armseligen Träumern, es ist diejenige der Gesellschaft in ihrer Ganzheit. Sie ist notwendig durch den Gang des Denkens, der jetzt fatal, unvermeidlich geworden ist, wie das Rollen der Erde und der Himmel.

Ein Zweifel könnte jedoch in den Geistern fortdauern, wenn die Anarchie nie mehr als ein Ideal gewesen war, eine geistige Übung, wenn sie nie eine konkrete Verwirklichung gehabt hätte, wenn nie ein spontaner Organismus aufgetaucht wäre, der die freien Kräfte von Kameraden in Gang gesetzt hätte, die gemeinsam arbeiten ohne Herr, der ihnen befiehlt. Doch dieser Zweifel kann leicht beseitigt werden. Ja, die libertären Organismen hat es zu jeder Zeit gegeben; ja, es formen sich daraus unaufhörlich neue, und jedes Jahr zahlreicher, gemäß der Fortschritte der individuellen Initiative. Ich könnte an erster Stelle verschiedene Völkerschaften anführen, sogenannte Wilde, die selbst in unserer Zeit in vollkommener gesellschaftlicher Harmonie leben, ohne Anführer zu benötigen, ohne Gesetze, Einfriedungen, öffentliche Gewalt; aber ich beharre nicht auf diesen Beispielen, die jedoch ihre Bedeutung haben: Ich würde befürchten, man würde mir die geringe Komplexität dieser »primitiven« Gesellschaften vorwerfen, verglichen mit unserer modernen Welt, ein gewaltiger Organismus, in dem sich so viele andere Organismen mit einer unendlichen Komplexität untereinander vermischen. Lassen wir diese »primitiven« Stämme beiseite, um uns einzig mit den bereits geschaffenen Staaten zu beschäftigen, die alle einen politischen und gesellschaftlichen Apparat haben.

Zweifelsohne könnte ich euch keinen Staat im Lauf der Geschichte zeigen, der sich in rein anarchistischer Gesellschaft gebildet hat, denn alle befanden sich damals in ihrer Zeit des Kampfs zwischen den verschiedenen, noch nicht verbundenen Elementen; doch man kann leicht feststellen, dass jede dieser Teilgesellschaften, obschon nicht in einer harmonischen Ganzheit eingeschmolzen, umso günstiger, umso schöpferischer war, je freier sie war, dass der persönliche Wert des Individuums dort am besten anerkannt wurde. Seit den vorgeschichtlichen Zeiten, als in unseren Gesellschaften die Künste, die Wissenschaften und die Industrie aufkamen, ohne dass geschriebene Annalen uns die Erinnerung daran hätten übermitteln können, waren alle großen Zeiten des Lebens der Nationen solche gewesen, in denen die Menschen, aufgewühlt durch Revolutionen, am wenigsten unter dem langen und lastenden Druck einer geregelten Regierung zu leiden hatten. Die beiden großen Perioden der Menschheit waren, durch die Bewegung der Entdeckungen, durch das Aufblühen des Denkens, durch die Schönheit der Kunst, Zeiten der Wirren, Zeiten der »gefährlichen Freiheit« geprägt. Die Ordnung herrschte im gewaltigen Reich der Meder und der Perser, doch ging nichts Großes daraus hervor, während das republikanische Griechenland, ohne Unterlass aufgewühlt, erschüttert, die Initiatoren all dessen hervorgebracht hat, was wir in der modernen Zivilisation an Hohem und Edlem haben: Es ist uns nicht möglich, irgendein Werk zu denken, herauszuarbeiten, ohne dass sich unser Geist sogleich wieder zurückversetzt zu diesen freien Hellenen, die unsere Vorgänger waren und die noch immer Vorbilder sind. Zweitausend Jahre später, nach den Tyranneien, nach den dunklen Zeiten der Unterdrückung, die niemals aufzuhören schienen, versuchte Italien, versuchten die beiden Flandern, Deutschland, ganz Europa der Miteigentümer (communiers) erneut Atem zu schöpfen; unzählige Revolutionen erschütterten die Welt. Ferrari zählte nicht weniger als siebentausend regionale Erdstöße allein für Italien;

aber auch das Feuer des freien Denkens begann aufzuflammen und die Menschheit wieder aufzublühen: mit Künstlern wie Raphael, da Vinci, Michelangelo fühlte es sich zum zweiten Mal jung.

Dann kam das große Jahrhundert der Enzyklopädie mit den Weltrevolutionen, die darauf folgten, und mit der Proklamation der Menschenrechte. Oder versucht, wenn ihr es könnt, all diese Fortschritte zu beziffern, die sich seit dieser großen Erschütterung der Menschheit vollendet haben. Man fragt sich wirklich, ob sich nicht in diesem letzten Jahrhundert mehr als die Hälfte der Geschichte verdichtet hat. Die Zahl der Menschen ist um mehr als eine halbe Milliarde gewachsen; der Handel hat sich mehr als verzehnfacht, die Industrie hat sich gleichsam verklärt, und die Kunst, die natürlichen Erzeugnisse zu verändern, hat sich auf wunderbare Weise bereichert; die neuen Wissenschaften sind in Erscheinung getreten und, gleich was man sagt, eine dritte Periode der Kunst hat begonnen; der bewusste und weltweite Sozialismus ist in seiner Weite entstanden. Zumindest spürt man, dass man in der Zeit der großen Probleme und der großen Kämpfe lebt. Ersetzt die hundert Jahre, die aus der Philosophie des 18. Jahrhunderts hervorgegangen sind, durch das Denken, ersetzt sie durch eine Periode ohne Geschichte, in der 400 Millionen friedlicher Chinesen unter der Vormundschaft eines »Vaters des Volkes« gelebt haben, eines Tribunals der Riten und der diplomierten Mandarine. Keineswegs mit Schwung lebend, wie wir es getan haben, werden wir uns allmählich der Trägheit und dem Tod annähern. Wenn Galileo, immer noch in den Kerkern der Inquisition gefangen gehalten, nur noch dumpf murmeln konnte: »Und sie bewegt sich doch!«, können wir jetzt, dank der Revolutionen, dank der Heftigkeit des freien Denkens, über die Dächer rufen oder über die öffentlichen Plätze: »Die Erde bewegt sich und sie wird nicht aufhören, sich zu bewegen!«

Außerhalb dieser großen Bewegung, die die Gesellschaft allmählich umwandelt im Sinn des freien Denkens, der freien Moral, der freien Tat, das heißt der Anarchie in ihrem Wesen, gibt es auch eine Arbeit direkter Erfahrungen, die sich durch die Gründung libertärer und kommunistischer Kolonien kundtut: Dies sind gleichviel kleine Versuche, die man mit Laborexperimenten vergleichen kann, welche die Chemiker und Ingenieure anstellen. Diese Versuche gemeinsamer Modelle haben den Kapitalfehler, außerhalb der gewöhnlichen Bedingungen des Lebens gemacht worden zu sein, das heißt, fern von den Städten, in denen die Menschen gären, wo die Ideen auftauchen, wo sich die Geisteskräfte erneuern. Und dennoch kann man zahllose dieser Unternehmen anführen, die vollen Erfolg hatten, unter anderen diejenige des »Jungen Ikarus«, der Umwandlung der Kolonie von Cabet[4], gegründet vor bald einem halben Jahrhundert auf den Prinzipien eines autoritären Kommunismus: Von Wanderung zu Wanderung lebt jetzt die Gruppe der Miteigentümer, die reine Anarchisten geworden sind. Diese Gemeinschaft lebt ein bescheidenes Dasein in einer Gegend von Iowa, nahe des Flusses Desmoines.

Aber die anarchistische Praxis triumphiert wirklich im gewöhnlichen Verlauf des Lebens, unter Leuten vom Volk, die gewiss nicht den schrecklichen Existenzkampf aushalten würden, wenn sie sich untereinander nicht spontan helfen könnten und dabei die Unterschiede und Rivalitäten der Interessen außer Acht ließen. Wenn einer von ihnen krank wird, nehmen andere Arme seine Kinder zu sich: Man beköstigt ihn, man teilt die dürftige Wochenportion, man versucht, seine Besorgungen zu machen, und verdoppelt dabei die Stunden. Zwischen den Nachbarn richtet sich eine Art Kommunismus ein, durch das Ausleihen, durch das andauernde Hin und Her aller Haushaltsgeräte. Das Elend vereinigt die Unglücklichen in einem brüderlichen Bündnis; gemeinsam haben sie Hunger, gemeinsam essen sie sich satt. Die Moral und die Praktik der Anarchisten sind sogar die Regel in den bürgerlichen Versammlungen, wo sie uns anfangs völlig abwesend erscheinen. Von da aus stellt man sich ein Fest auf dem Lande vor, wo jemand, sei er Gastgeber oder sei er einer der Gäste, sich als Herr aufspielt und es sich erlaubt, nach seiner Laune zu befehlen oder sie unbedacht vorherrschen lässt! Ist es nicht der Tod jeder Freude, das Ende jedes Vergnügens? Gibt es Fröhlichkeit nur zwischen Gleichen und Freien, zwischen Leuten, die sich vergnügen können wie es ihnen passt, in einzelnen Gruppen, wenn es ihnen gefällt, aber einander angenähert und sich nach Lust und Laune vermengend, weil ihnen die vergangenen Stunden so viel lieblicher erscheinen?

Hier werde ich mir erlauben, euch eine persönliche Erinnerung zu schildern. Wir fuhren auf einem dieser schönen modernen Schiffe, die mit der Geschwindigkeit von fünfzehn oder zwanzig Knoten in der Stunde die Wogen durchschneiden und die eine gerade Linie von Kontinent zu Kontinent ziehen, trotz Wind und Flut. Die Luft war still, der Abend sanft, und die Sterne beleuchteten nach und nach den dunklen Himmel. Man plauderte auf der Deckskajüte, und über was konnte man plaudern, wenn nicht über diese ewige soziale Frage, die uns einschnürte, die uns an der Kehle packte wie die Sphinx des Ödipus. Der Reaktionär der Gruppe wurde von seinen Zwischenrednern lebhaft bedrängt, die alle mehr oder weniger Sozialisten waren. Er wandte sich plötzlich an den Kapitän, den Anführer, den Meister, und hoffte, in ihm einen Verfechter seiner guten Grundsätze zu gewinnen: »Ihr befehligt hier! Ist eure Macht nicht heilig? Was würde aus dem Schiff werden, wenn es nicht durch euren stetigen Willen gelenkt würde?« – »Ihr seid vielleicht ein Einfaltspinsel«, erwiderte der Kapitän. »Unter uns kann ich ihnen sagen, dass ich hier gewöhnlich zu gar nichts nützlich bin. Der Mann am Steuerruder hält das Schiff auf seiner geraden Linie; in einigen Minuten wird ihm ein anderer Lotse folgen, dann weitere, und wir folgen regelmäßig, ohne mein Eingreifen, der gewohnten Route. Unten arbeiten die Heizer und Mechaniker ohne meine Hilfe, ohne meine Anweisungen. Und das ist besser, als wenn ich mich anmaßte, ihnen Rat zu geben. Und alle Segelsetzer, all diese Matrosen wissen ebenfalls, welche Arbeit sie zu tun haben, und bei Gelegenheit brauche ich nur meinen kleinen Anteil der Arbeit mit dem ihren in Einklang zu bringen, der mühseliger ist, doch weniger nach Gebühr belohnt als meiner. Gewiss werde ich für den Lenker des Schiffs gehalten. Aber sehen Sie nicht, dass das eine einfache Fiktion ist? Die Karten sind da, und ich habe sie nicht angefertigt. Die Kompassnadel lenkt uns, und nicht ich habe sie erfunden. Man hat für uns den Hafenkanal, von dem wir kommen, gegraben, und den des Hafens, in den wir einfahren werden. Und das prächtige Schiff, das sich unter dem Druck der Wogen kaum beklagt in seinem Rippenwerk, es wiegt sich majestätisch in der Dünung, und steuert mächtig unter dem Dampf, und nicht ich habe es erbaut. Was bin ich hier in der Anwesenheit der großen Toten, der Erfinder und Wissenden, unserer Vorgänger, die uns lehrten, die Meere zu durchqueren? Wir sind alle ihre Verbündeten, und die Matrosen sind meine Kameraden, und auch ihr, die Passagiere, denn für euch reiten wir die Wogen ab, und im Fall der Gefahr zählen wir auf euch, um uns brüderlich beizustehen. Unser Werk ist gemeinsam, und wir sind solidarisch zueinander!« Alle schwiegen, und ich sammelte sorgfältig im Schatz meines Gedächtnisses die Worte dieses Kapitäns, wie man kaum noch einen erleben wird.

So trägt dieses Schiff diese schwimmende Welt, in der im Übrigen die Bestrafungen unbekannt sind, eine Modellrepublik über den Ozean, trotz der hierarchischen Verzopftheiten. Und dies ist kein Einzelbeispiel. Jeder von euch kennt, zumindest durch Hörensagen, die Schulen, in denen der Lehrer, trotz der Strenge des nie angewendeten Reglements, alle Schüler als Freunde und glückliche Mitarbeiter hat. Alles ist durch sachkundige Autorität vorgesehen, um die kleinen Bösewichter zu demütigen, doch ihr großer Freund braucht dieses ganze Gerät der Unterdrückung nicht; er behandelt die Kinder wie Menschen und appelliert fortwährend an ihren guten Willen, an ihr Verständnis der Dinge, an ihren Gerechtigkeitssinn, und alle antworten mit Freude. Eine winzige anarchische, wahrlich menschliche Gesellschaft findet sich so begründet, obwohl alles in der umgebenden Welt verbündet scheint, um deren Knospen zu hemmen: Gesetze, Reglementierungen, schlechte Beispiele, öffentliche Unmoral.

Anarchistische Gruppen tauchen also ohne Unterlass auf, trotz der alten Vorurteile und der toten Last der altertümlichen Sitten. Unsere neue Welt zeigt sich rings um uns, als keimte eine neue Flora unter dem Schutt der Zeitalter. Nein, es ist nicht nur chimärisch, wie es unaufhörlich wiederholt wird, sondern es zeigt sich bereits unter tausend Formen; blind ist der Mensch, der nicht zu beobachten weiß. Wenn es dagegen nur eine chimärische Gesellschaft ist, ganz unmöglich, dann leben wir in der Hölle. Ihr lasst mir dieses Recht widerfahren, dass ich die Kritik nicht schlecht angewendet habe, jedoch ist es so leicht, im Hinblick auf die heutige Welt, so wie das sogenannte Autoritätsprinzip und der grimmige Existenzkampf begründet wurden. Aber schließlich ist, der Definition selbst gemäß, die Gesellschaft zwar eine Gruppe von Individuen, die sich wegen des allgemeinen Wohlstands annähern und abstimmen, doch kann man nicht ohne Widersinn sagen, dass die chaotische Masse ringsum eine Gesellschaft bildet. Gemäß ihren Verteidigern, – denn jede schlechte Ursache hat die ihren, – hätte sie als Ziel die vollkommene Ordnung durch die Befriedigung der Interessen aller. Nun, es ist nicht der Gegenstand von Spott, eine Gesellschaft in dieser Welt von der europäischen Zivilisation eingerichtet zu sehen, mit der fortgesetzten Folge ihrer inneren Dramen, ihrer Morde und Selbstmorde, Gewalttätigkeiten und Erschießungen, Verkümmerungen und Hungersnöte, ihres Diebstahls, Betrugs und ihrer Täuschungen aller Art, Bankrotte, Zusammenbrüche und Trümmer. Wer wird, wenn er von hier weggeht, nicht neben sich die Gespenster des Lasters und des Hungers sich erheben sehen? In unserem Europa gibt es fünf Millionen Menschen, die nur auf ein Zeichen warten, um andere Menschen zu töten, um Häuser und Ernten zu verbrennen; zehn weitere Millionen Menschen in Reserve außerhalb der Kasernen sind in dem Gedanken gefangen, das gleiche Zerstörungswerk zu vollenden; fünf Millionen Unglücklicher leben oder vegetieren in den Gefängnissen, zu verschiedenen Strafen verurteilt, zehn Millionen sterben im Jahr an vorgezogenen Toden, und von 370 Millionen Menschen zittern 350, um nicht zu sagen alle, in der berechtigten Unruhe vor dem morgigen Tag: Wer von uns kann, trotz des gewaltigen gesellschaftlichen Reichtums, bestätigen, dass ein jäher Wechsel des Schicksals ihm nicht seine ganze Habe rauben wird? Dies sind die Tatsachen, die keiner bestreiten kann und die uns alle, wie mir scheint, zur festen Entschlossenheit anregen sollten, diesen Zustand der Dinge zu verändern, die schwanger gehen mit unaufhörlichen Revolten.

Ich hatte eines Tages Gelegenheit, mich mit einem hohen Funktionär zu unterhalten, eingeübt in der Routine des Lebens in der Welt derer, die Gesetze verabschieden und Strafen verhängen: »Aber verteidigt doch eure Gesellschaft!«, sagte ich ihm. – »Wie soll ich sie verteidigen«, erwiderte er, »sie ist nicht zu verteidigen.« Und doch verteidigt er sie, aber mit Argumenten, die keine Gründe sind, mit Prügel, Gefängnis und Schafott.

Andererseits können diejenigen, die sie angreifen, dies in aller Heiterkeit des Bewusstseins tun. Zweifelsohne wird die Bewegung der Umwandlung Gewalttätigkeiten und Revolutionen mit sich bringen, aber ist nicht bereits die umgebende Welt nichts anderes als die fortgesetzte Gewalttätigkeit und die andauernde Revolution? Und in den Alternativen des gesellschaftlichen Krieges, welche Menschen werden da verantwortlich sein? Diejenigen, die ein Zeitalter der Gerechtigkeit und Gleichheit für alle verkünden, ohne Unterscheidung von Klassen oder Individuen, oder diejenigen, welche die Trennungen aufrechterhalten wollen und demzufolge auch den Hass der Kasten, diejenigen, die repressiven Gesetzen repressive Gesetze hinzufügen, und die Probleme nur durch Infanterie, Kavallerie und Artillerie lösen können! Die Geschichte erlaubt uns, in aller Gewissheit zu bekräftigen, dass die Politik des Hasses immer den Hass hervorbringt und die allgemeine Situation fatal verschärft oder sogar in einen endgültigen Untergang mitreißt. Mögen die Staaten auf diese Weise untergehen, Unterdrücker ebenso wie Unterdrückte! Gehen wir unsererseits unter?

Ich hoffe nicht, dank des anarchistischen Denkens, das sich mehr und mehr Bahn bricht und die menschliche Initiative erneuert. Seid ihr nicht, obwohl ihr keine Anarchisten seid, doch sehr vom Anarchismus gefärbt? Wer von euch wird sich in seiner Seele und seinem Bewusstsein das Beste von seinem Nachbarn sagen und in ihm nicht seinen Bruder und seinesgleichen erkennen? Die Moral, die hier so viele Mal in mehr oder weniger symbolischen Worten verkündet wurde, wird gewiss eine Wirklichkeit werden. Denn wir, wir Anarchisten, wir wissen, dass diese Moral vollkommener Gerechtigkeit, von Freiheit und Gleichheit, die wahre ist, und wir werden sie von ganzem Herzen leben, während unsere Gegner unentschieden sind. – Sie sind nicht sicher, recht zu haben; im Grunde sind sie sogar überzeugt, im Unrecht zu sein und im Voraus überlassen sie uns die Welt.

Anmerkungen

1 Mit dieser Abtei entwirft Rabelais den Ort einer idealen menschlichen Gemeinschaft.

2 Erste Zeile von Teil VIII des Gedichtes »Les Châtiments« (1880). Reclus ersetzt allerdings das Wort »penchant« im Text durch »instinct«, das ihm offenbar brauchbarer erscheint, denn er fährt in seinem Text damit fort.

3 Musenführer (Beiname von Apoll und Herakles).

4 Étienne Cabet (1788–1856); in Frankreich als Revolutionär und Utopist gescheitert, gründet er in den USA die Kolonie Ikarien. Die kommunistischen Ansätze werden bald durch den Despotismus von Cabet erstickt und in ihr Gegenteil verkehrt.

Die Übersetzung wurde durch
den Deutschen Übersetzerfonds und
das Programm NEUSTART KULTUR gefördert.

Deutscher
Übersetzerfonds

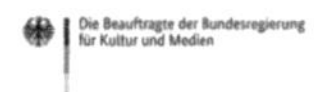

Erste Auflage Berlin 2024
Copyright der deutschen Ausgabe 2024
© MSB Matthes & Seitz Berlin Verlagsgesellschaft mbH

Großbeerenstraße 57A | 10965 Berlin
info@matthes-seitz-berlin.de

Die Originalausgaben »L'État moderne« und »Progrès«
erschienen im sechsten Band von *L'Homme et la terre*,
1896, Paris. *L'Anarchie* erschien 1908 in Paris.
Alle Rechte vorbehalten, insbesondere die
Nutzung des Werkes für Text und Data Mining
im Sinne von § 44b UrhG.

Layout und Satz: psb, Berlin
Druck und Bindung: Art-Druk, Szczecin
Umschlaggestaltung nach einer Idee von Pierre Faucheux
ISBN 978-3-7518-3000-3
www.matthes-seitz-berlin.de